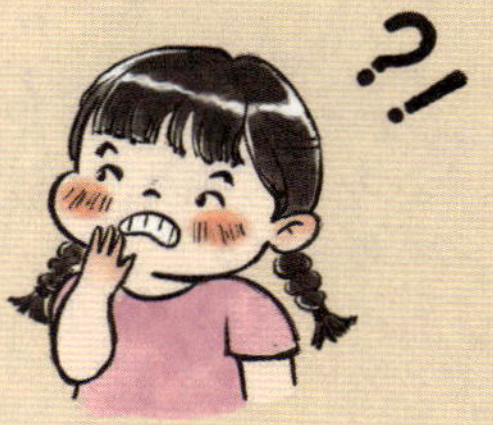

货币金融研学
百问百答

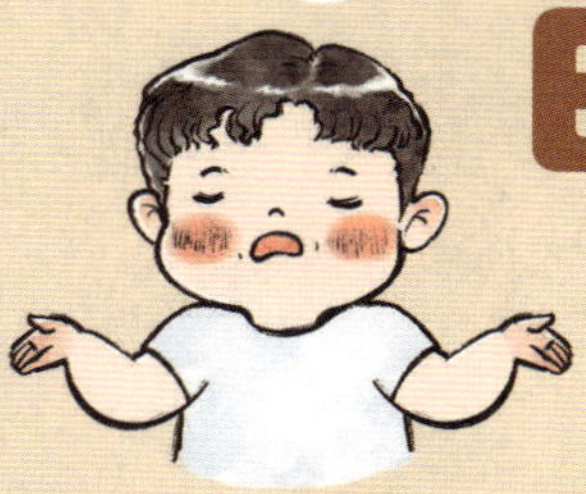

刘志梅 主编

广东人民出版社
·广州·

图书在版编目（CIP）数据

货币金融研学百问百答 / 刘志梅主编. -- 广州：广东人民出版社，2024. 10. -- ISBN 978-7-218-18001-4

Ⅰ. F82-49

中国国家版本馆 CIP 数据核字第 20246SJ821 号

HUOBI JINRONG YANXUE BAIWEN BAIDA

货币金融研学百问百答

刘志梅　主编

版权所有　翻印必究

出 版 人：肖风华

责任编辑：黄洁华
责任技编：吴彦斌

出版发行：广东人民出版社
地　　址：广州市越秀区大沙头四马路10号（邮政编码：510199）
电　　话：（020）85716809（总编室）
传　　真：（020）83289585
网　　址：http://www.gdpph.com
印　　刷：广州市岭美文化科技有限公司
开　　本：787mm×1092mm　1/16
印　　张：13.25　字　　数：120千
版　　次：2024年10月第1版
印　　次：2024年10月第1次印刷
定　　价：68.00元

如发现印装质量问题，影响阅读，请与出版社（020-85716849）联系调换。

- 主　编 -

刘志梅

- 副主编 -

蓝庆洪　杨　衍　杨嘉玲

- 参　编 -

郭奇军　曹　馨　古志明　曹　延

前言

在人类文明的璀璨星空中，货币不仅是经济交换的媒介，更是历史长河中一颗独特的明珠，以其独有的光芒，照亮了社会演变过程中的每一个阶段。它如同一位沉默的见证者，伴随着人类从蒙昧走向文明，从古朴的贝壳交易到如今瞬息万变的数字货币，每一次货币形态的变革，都是对时代变迁最生动的诠释。

贝壳之梦，初启货币之门

远古时期，当人类社会初现雏形，贝、珠玉、龟等自然之物在交换中逐渐承担起了一般等价物的角色。在那片未被文明触及的海边，贝壳以其坚固耐磨、便于携带的特性，自然而然地成为了人们心中的"货币"。然而，随着社会的进步和财富的积累，天然贝壳已难以满足日益增长的交易需求，金属冶炼技术兴起，铜、黄金、白银等金属货币相继登场，它们以其稀有性和稳定性，进一步推动了经济的繁荣与发展。但即便如此，金属货币的重量使其不便携带，又促使了纸币的诞生，这一伟大的创新，彻底改变了人类的经济生活方式。

纸币之舞，文明之韵

纸币的出现，是货币发展史上的一个重要里程碑。它轻盈而使用便捷，极大地促进了商品的流通和经贸的繁荣。在中国宋代出现的交子，便是世界上最早的纸币，它以其独特的魅力和价值，开启了世界货币史的新篇章。而后的明清时期，纸币制度虽历经波折，但其对于经济生活的影响却愈发深远。直至现代，纸币依然是我们日常生活中不可或缺的一部分，它不仅仅代表着财富，更承载着历史的厚重与文化的韵味。

数字货币，未来之翼

随着科技的飞速发展，数字货币应运而生，它去中心化、安全便捷的特性，再次颠覆了人们对传统货币的观念。数字货币的兴起，标志着人类社会进入了一个全新的经济时代。在这个时代，货币将不再受限于物理形态，而是以一种数字形式存在于网络空间之中。它的出现，不仅极大地提高了交易的效率与安全性，更为全球经济的互联互通提供了无限可能。

货币之旅，文化之镜

货币的发展历程，实际上也是一部人类文化的演进史。从贝壳到金属货币，从纸币到数字货币，每一种货币形态都蕴含着独特的文化内涵与时代精神。它们或代表着古人的智慧与创造力，或反映着社会的变迁与动荡，或彰显着科技的进步与创新。正是这些丰富多彩的货币形态，构成了我们今天所看到的五彩斑斓的货币文化图景。

《货币金融研学百问百答》这本书，是一部引领广大青少年特别是大中小学生走进货币世界、探索文明之旅的指南。它既是广州货币金融博物馆丰富馆藏资源和研学工作经验的积累，也是我们对货币金融研学成果的一次系统梳理与展示。我们希望通过讲述货币的故事，引发读者思考，进而了解其背后的历史文化、社会经济和科学技术等。在编纂的时候，我们以时间为轴，从中国古代货币的起源与演变，到近现代钱币的革新与发展，再到货币防伪技术的日新月异，以及港澳台与世界各国的货币体系，基本涵盖了货币金融发展史上的关键节点。希望以深入浅出的问答方式，为大家解答关于货币金融的种种疑问，并穿插了大量生动有趣的历史故事和典型案例。比如，通过"为什么最早的货币是贝？""中国古代面值最大的金属铸币是什么？"等问题，让读者在轻松愉快的氛围中，感受到货币发展的魅力，让原本枯燥深奥的金融知识变得生动有趣，易于理解和记忆。

通过这本书，希望更多的人能理解货币在经济活动中的重要地位，以及它在文化传承与社会变迁中所扮演的不可替代的角色。同时，我们也期待更多的读者能够加入这场货币之旅，共同感受、体验那些穿越时空的货币之光与文明之舞。

在此，衷心感谢所有为本书编纂与出版付出辛勤努力的同仁们，正是有了你们的无私奉献与精心打造，才有了这部作品的问世。让我们携手共进，继续探索货币金融的奥秘，为货币金融的科普教育和文化传承尽绵薄之力。

在编写过程中，我们参阅了国内外大量的文献资料，在此向有关作者表示深深的敬意和感谢！

我们的水平和学识有限，尽管尽心尽力，几易其稿，但书中难免存在不妥甚至错误之处，恳请各位读者批评指正。

刘志柏

广州货币金融博物馆 馆长

2024年8月于羊城

目录

第一章 中国古代货币

1. 为什么最早的货币是贝？ /002
2. 当贝壳是货币时，人们为什么不去海边捡点贝壳让自己成为有钱人呢？生活在海边的人们是不是都是当时的百万富翁呢？在海边捡贝壳能发财吗？ /003
3. 既然贝币比较珍贵，也有一定的装饰功能，那为什么后来的人类再也不使用贝壳作为货币呢？ /004
4. 为什么古代钱币的形状有的像刀，而有的像锄头，与传统印象中的圆形方孔铜钱差异很大？ /005
5. 为什么布币长得像铲子，却叫布币呢？ /006
6. 中国历史上出现最早的布币形式是哪种？ /007
7. 没有三个小孔却和三孔布长得很像的货币也是三孔布的一种吗？ /008
8. 什么是尖首刀？ /009
9. 最早的刀币品种是什么？ /009
10. 齐国"齐返邦长大刀"你知多少？ /010
11. 贝币上面最早被铸上文字是什么时候？ /011
12. 最早的铅钱是什么时候铸造的？ /011

001

13. 中国最早的金币是什么？　/ 012
14. 最早的圆形货币是什么？　/ 013
15. 为什么秦始皇要统一货币制度？　/ 014
16. 战国秦半两钱的主要特点有哪些？　/ 014
17. 为什么半两的重量不断变化而不是恒定的？　/ 015
18. 为什么古代的大部分铜钱都是圆形方孔的？　/ 016
19. 五铢钱的"铢"在古代的含义是什么？　/ 017
20. 在古代民间可以私自铸币吗？　/ 017
21. 汉"白金三品"名字酷炫狂拽！它们真的是白金吗？　/ 018
22. 什么是鹅眼五铢和磨郭五铢？　/ 019
23. 史书中的"金"一定都是黄金吗？　/ 020
24. 王莽建新朝后为什么一定要币制改革，以至于把新朝改"死"了？　/ 021
25. 在古代，成语"铸成大错"另有他意吗？　/ 022
26. 中国古代面值最大的金属铸币是什么？　/ 023
27. 什么是套子钱？　/ 024
28. 方孔圆钱中最早铸地名的钱币——蜀汉犍为五铢　/ 025
29. 中国第一个以国号为名的方孔圆钱是什么？　/ 026
30. 我国历史上最早的年号钱是什么？　/ 026
31. 最早的国号加年号钱——十六国时期夏国大夏真兴　/ 027
32. 阿堵物是什么？　/ 028
33. 为什么古代铜钱会出现"半两""五铢""通宝"等不同的名称？　/ 029
34. 在没有"冠字号"的古代，古人是如何区分铜钱的"版别"的？　/ 030
35. 唐代第一枚年号钱"乾封泉宝"仅铸八个月便被收回，为何？　/ 032
36. 电视剧里丢一锭银子喝茶都是真的吗？　/ 033

37. 纵观五千年历史，为什么御书钱唯宋代独有？ / 034
38. 什么是对钱？ / 036
39. 我国最早背铸纪年的钱币是什么？ / 037
40. 为什么最早的纸币出现在四川？ / 038
41. 北宋交子为什么没有沿用到现代呢？ / 039
42. 古代出现铁铸钱的原因是什么？ / 040
43. 为什么白银在宋代才正式进入流通领域？ / 041
44. 古代碎银是怎么用的？ / 042
45. 为什么元朝实行纯纸币的货币制度？ / 043
46. 世界上面积最大的纸币是什么？ / 045
47. "钞票"上的法律——大明通行宝钞 / 046
48. 明朝对外贸易的主要钱币是什么？ / 047
49. 为什么中国的纸币制度在明朝最终走向消亡？ / 048
50. 为什么中国古代始终无法避免滥发纸币的情况？ / 049
51. 你知道清代主要使用的货币是什么吗？ / 051
52. 你了解清代的钞票吗？ / 052
53. 清代只有政府才能发行钱币吗？ / 052
54. 古代钞和票是怎么防伪的呢？ / 053
55. 铜钱不够？大钱来凑——咸丰大钱的由来 / 054
56. 字迹歪斜的咸丰通宝是错币吗？ / 055
57. 你知道中国寿命最短的货币是什么吗？ / 056
58. 为什么清末大清银行兑换券上正面印着的是载沣？ / 057
59. 清朝的机制币——结束了外圆内方币型 / 058
60. 现代货币"元"单位是怎么来的？ / 059

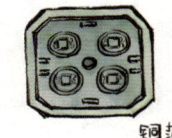

61. 清末龙洋是怎么来的？ /060

62. 清末李鸿章在广东发行的机制币，为什么有的钱币上打了小孔？ /061

63. 为什么太平天国货币上的"国"字少了一点？ /062

64. 铜臭味是什么味道？ /062

65. 什么叫钱范？ /063

66. 人工铸币的制作过程是怎样的？ /064

第二章 中国近现代钱币

1. 为什么"袁大头"是我国发行量最大、流通最广、存世量最多的机制银币？ /066

2. 为什么有些"袁大头"银币上会刻有"苏维埃"字样？ /067

3. 什么是"孙小头"和"孙大头"？ /068

4. 同样都是银元，为什么孙中山三鸟币总是要贵一些？ /069

5. 民国时期，为什么军政府要造四川铜币？ /070

6. 北洋军阀统治时期发行过哪些货币？ /071

7. 北洋政府统治时期本国的银行发行的钞票有哪几类？ /072

8. 日本人发行的伪满洲国货币上为何印着中国古代人物？ /073

9. 什么是法币改革？法币改革的意义是什么？ /074

10. 继法币改革后，南京国民政府为什么又发行金圆券与银元券等？ /076

11. 抗日战争时期流通最广的货币有哪几种？ /077

004

12. 苏区部分货币上的马克思为什么长得不像本人？ /078
13. 中国最早的红色货币是什么？ /079
14. 中国红色政权制造的第一种银元是什么？ /080
15. 中国工农红色政权最早发行的纸币是什么？ /081
16. 最早铸有马克思、列宁头像的银币是什么？ /082
17. 什么是抗币？ /083
18. 为什么说豫鄂边区建设银行壹仟圆是"抗币钞王"？ /085
19. 面值7角5分的纸币是怎么来的？ /086
20. 唯一印有印刷厂名的人民币是什么？ /087
21. 我国历史上流通的最后一枚银币是什么？ /088
22. 民间私钞是什么？ /089
23. 为什么中国历史上会出现面额60亿元的纸币？ /090
24. 为什么中华苏维埃共和国国家银行发行的纸币只有五种面值，但样式却众多？ /091
25. 为战争而生的军票你知多少？ /092
26. 我们国家现在花的钱为什么叫人民币？ /093
27. 为什么第一套人民币具有这么高的收藏价值？ /094
28. 为什么发行第一套人民币时，没有印上毛主席的头像？ /095
29. 第一套人民币中，内蒙古版的"蒙古包""牧马图"和新疆版的"骆驼队""瞻德城"四张为什么被收藏界称为"四大天王"？ /096
30. 新中国成立以来面额最大的人民币是多少？ /097
31. 为什么第二套人民币中的叁圆、伍圆和拾圆由苏联代印？ /098
32. 独一无二的"叁圆"纸币，是怎么来的？ /099
33. 第二套人民币伍分纸币上的巨轮背后有什么故事？ /100

34. 是每套人民币都有纸分币吗？ / 102

35. 票幅最大和最小的人民币是什么？ / 103

36. 第二套人民币的"壹圆"为什么既有红色的也有黑色的？ / 104

37. 周总理为什么说中国人民银行的资金有"18块8毛8分"？ / 105

38. 第三套人民币的枣红壹角你知多少？ / 106

39. "背绿壹角"为何被称为"最完美的纸币"？ / 107

40. 为什么会出现广东本票？ / 108

41. 人民币上也有盲文吗？ / 109

42. 什么是连体钞？ / 110

43. 第五套人民币上的六种花卉分别是什么？ / 111

44. 改革开放初期的外汇兑换券你知多少？ / 112

第三章 货币反假与金银纪念币

1. 人民币是用什么制成的？ / 114

2. 什么是冠字号？ / 114

3. 为什么犯罪分子要将伪币再次变造呢？ / 115

4. 钱币上有哪些最不起眼却极其有效的防伪技术？ / 116

5. 什么是错版币？ / 117

6. 毛泽民是如何解决苏区纸币防伪问题的？ / 118

7. 制造假币将承担什么法律责任？ / 119

8. 损坏人民币有罪吗？ /120

9. 如何理解人民币的防伪技术中的"一币一面双福"？ /120

10. 人民币上采用的全息磁性开窗安全线（鱼线）有什么防伪特征？ /121

11. 人民币的数字编码有哪些作用？ /121

12. 人民币的水印是如何制作的？ /122

13. 人民币水印具有怎样的防伪功能？ /122

14. 通过观察人民币上的微缩字，我们可以获得什么信息？ /123

15. 微缩字在鉴别真假币方面发挥了哪些重要作用？ /123

16. 人民币上的隐形图案是如何实现的？这个特征有什么作用？ /124

17. 人民币中的荧光纤维有什么作用，如何检验荧光纤维？ /125

18. 为什么我国不发行塑料钞？ /126

19. 为何我国禁止流通比特币？ /127

20. 厌胜钱是什么？ /128

21. 镇库钱是什么？ /129

22. 什么是纪念币？ /130

23. 贵金属纪念币和纪念章的区别是什么？ /131

24. 真假金银纪念币的鉴别方式有哪些？ /132

25. 十二生肖金镶玉纪念银章的特色工艺有什么？ /133

26. 中国古代名画系列之"清明上河图"纪念银币的设计理念是什么？ /134

27. 中国的大熊猫金纪念币有什么特别的地方？ /135

28. 古典文学名著纪念金银币的形制有什么？ /136

29. 中国现代金银纪念币的铸造工艺有哪些？ /137

第四章 境外货币

1. 港币的面额有哪几种？ /140
2. 港币为什么有多个银行发行的不同版本同时流通？ /141
3. 准备去香港游玩又怕换到假币怎么办？怎么辨别真假港币？ /142
4. 现在澳门元的面值有哪些？ /143
5. 美元"Dollar"名字是怎么来的？ /144
6. 美元有哪些有趣的冷知识？ /145
7. 美国货币中最为稀有和珍贵的纸钞是哪一张？ /146
8. 你知道世界上最值钱的硬币是哪一枚吗？ /147
9. 你知道美国哪位名人的头像一直出现在美钞上吗？ /148
10. 美元正面上标的A、B、C、I、L等表示什么意思？ /149
11. 美元上的"伪造者当诛"是怎么来的？ /150
12. "欧元"这个名字是怎么来的？ /151
13. 欧元的纸币和硬币面额分别有哪些？ /152
14. 欧元的缩写和符号有何象征意义？ /153
15. 欧元图案是谁设计的，有何含义？ /154
16. 欧元的纸币上印有哪几国的文字？ /155
17. 欧元在哪个国家印刷？ /156
18. 欧元的防伪技术有哪些？ /157
19. 德国马克上印的数学家都有谁？ /159

20. 意大利1欧分的正面图案蒙特城堡为何被誉为中世纪构造最复杂的建筑之一？ /160
21. 每个欧盟国家都使用欧元吗？ /161
22. 为什么英国以外的地区货币会出现英国女王头像？ /162
23. 英国比较特殊的硬币有哪些？ /162
24. 伊丽莎白女王对英镑设计的影响有哪些？ /163
25. 澳大利亚塑料钞和普通纸币有什么区别呢？ /165
26. 世界上第一张塑料纪念钞是什么货币？ /166
27. "消失"的德国马克你知多少？ /167
28. 为什么德国纸币上会出现马克思的头像？ /168
29. 日币五元上的知识 /169
30. 为什么日元和韩元的面额都很大？ /170
31. 为什么日元很少有假币？ /171
32. 日元上的文化英雄——这些人为什么可以被印在日元上？ /172
33. 直接用欧元在冰岛消费可行吗？ /173
34. 俄罗斯卢布上为什么印有横跨叶尼塞河的交流桥和钟楼？ /174
35. 丹麦的克朗上为什么印有哥本哈根的小美人鱼雕塑？ /174
36. 在纸币上印苍蝇，澳大利亚人咋想的？ /175
37. 泰铢上的人物头像是谁呢？ /176
38. 世界上面积最大的纸钞是什么？ /177
39. 世界上面值最低的纸币你了解吗？ /178
40. 震惊！比英镑还值钱的货币竟然是科威特第纳尔？ /179
41. 哪国货币图案都被野生动植物"霸占"了？ /180

42. "万亿"穷人的国家——津巴布韦 / 181

43. 印在钱币上的话语你知多少？ / 182

44. 古希腊城邦众多，他们是如何交易的呢？ / 183

45. 外国纸币上印有的"中国制造"你都知道哪些？ / 184

46. "瑞典最美货币"是什么？ / 185

47. 新西兰最酷纸币是什么？ / 186

48. 非洲法郎是怎么来的？ / 187

49. 土库曼斯坦马纳特的水印上印的是什么马？ / 188

50. 你知道被誉为"最美向日葵"的是哪张纸币吗？ / 189

51. 南极也有货币吗？ / 190

52. 可以吃的货币是什么，你知道吗？ / 191

53. 世界上最大、最奇怪的一种货币是什么？ / 192

第一章

中国古代货币

货币金融研学百问百答

货币金融研学百问百答

贝

 **为什么最早的货币是贝？**

原始社会时期，珠、玉、贝、龟在商品的交换过程中逐渐充当一般等价物，但它们的主要功能还是装饰和卜卦。海贝坚固耐磨、便于携带、计量方便，随着社会经济的发展，天然贝就自然而然充当了商品交换的一般等价物，也就是我们现在所说的"货币"。由于天然贝的数量不能够满足经济发展的需要，所以后来又出现了石贝、骨贝和齿贝等。其中以骨贝最为流行。同时，由于古代金属冶炼工艺发展，人们开始用铜模仿铸造海贝，铜贝的出现是中国古代货币史上由自然货币向人工货币的一次重大演变。随着人工铸币的大量使用，海贝这种自然货币就慢慢被取代并退出了货币流通市场。

 **当贝壳是货币时，人们为什么不去海边捡点贝壳让自己成为有钱人呢？生活在海边的人们是不是都是当时的百万富翁呢？在海边捡贝壳能发财吗？**

贝壳

NO，NO，NO（不，不，不）……并不是所有的贝壳都有资格成为货币哒！从出土的贝币来看，作为贝币的贝壳，其实都是"宝贝"，如虎斑宝贝、环纹货贝、阿文绶贝、拟枣贝、货贝等。海贝中有一个科，叫做"宝贝科"，如同陆地上的猫科、马科、牛科动物一样。属于"宝贝科"的海贝，在古代甚至比虎皮、鹿皮还要贵，还要美。这些贝类现在一般都是珍稀野生动物了。

能够成为货币的贝壳一方面都比较珍贵，另一方面还具有一定的实用价值，可以做装饰品。这与后来作为货币的黄金、白银是类似的，既比较稀有，也可以制作成首饰等。因此作为货币的贝，并不是到了海边一捡就能捡到一大堆的那种普通贝壳。

货币金融研学百问百答

 既然贝币比较珍贵，也有一定的装饰功能，那为什么后来的人类再也不使用贝壳作为货币呢？

随着社会财富与需求量的增长，贝壳不够用了。同时，伴随金属冶炼技术的进步，黄金、白银的产量越来越多，金属货币逐步取代了贝币。人们宁愿将铜制作成贝壳的样子，也不愿意使用真贝壳了。金、银、铜的数量虽多，但产量毕竟有限。如果全球财富都用黄金、白银计算，黄金和白银的数量也会明显不足。金、银、铜币也比较笨重，交易量大时不容易携带，因此金属货币被随之而来的纸币取代。

贝币

 ## 为什么古代钱币的形状有的像刀，而有的像锄头，与传统印象中的圆形方孔铜钱差异很大？

在秦始皇统一货币制度之前，货币的形状并没有统一的规定，大部分是依照各地的生产生活习惯来铸造的，如布币的原始形态是农具镈，与锄头、铲子一类工具相似；刀币多流行于燕赵等地，燕赵地区靠近匈奴，因此选择刀的样式做钱币，与该国国情相符。

刀币

刀币

货币金融研学百问百答

布币

 5 为什么布币长得像铲子，却叫布币呢？

布币是中国古代货币，因形状似铲又称铲布，是中国春秋战国时期流通于中原诸国的铲状铜币。铲状工具曾是民间交易的媒介，因此早期出现的铸币铸成铲状。

布本为麻布之意，麻布也是交易媒介之一。诗经《氓》有云："氓之蚩蚩，抱布贸丝"。这里的"布"即布帛之意。铜币出现后，人们因受长期表达习惯的影响，仍称铜钱为布。

另一说是"布"即钱镈之"镈"的同音字。"镈"是古代一种像铲子一样的农具。古代人按照"镈"的样子制造出来的钱币，就叫"镈币"，后来演变成了"布币"。

 中国历史上出现最早的布币形式是哪种？

布币按照形状的不同，可以分为不同的类别。按照空心和实心可以分为空首布和平首布。空首布和平首布按照肩、足的特征，又可以细致分类。空首布有平肩弧足空首布、斜肩弧足空首布、耸肩尖足空首布之分；平首布有釿布、锐角布、方足布、尖足布、圆足布、三孔布之分。据史料调查表明，空首布最早铸造朝代在商周时期，春秋时期逐渐成为一些国家的专用货币，它也是中国历史上最早出现的金属货币之一。

东周　平肩空首布

货币金融研学百问百答

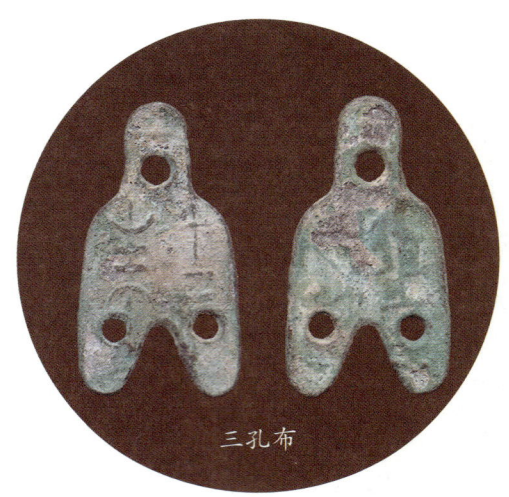

三孔布

 **没有三个小孔却和三孔布长得很像的货币也是三孔布的一种吗？**

是。与三孔布很像但没有小孔的货币称为圆足布，圆足布由方足布演变而来。圆足布的主要特征和三孔布相似，首、肩、裆、足均呈圆弧形。圆足布的周边可以很明显地看到凸出来的轮廓线条。

实际上，三孔布也是"圆足布"的一种。"圆足布"有两种，一种无孔，另一种有孔。无孔"圆足布"铸造较早。三孔布是有三个孔的圆足布，它首部和两足之上各有一个圆形的穿孔，因此人们赋予了它特殊的名字，称为三孔布或三窍布。

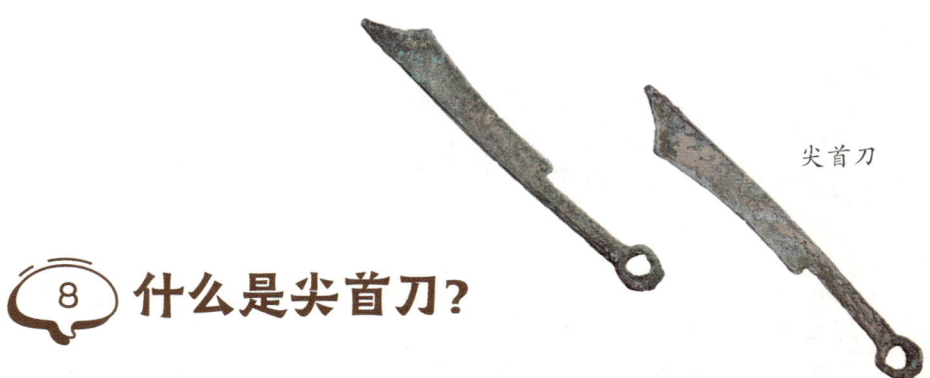

尖首刀

8. 什么是尖首刀？

刀币，是春秋战国时期燕国、齐国、赵国、中山国通行的青铜铸币之一。刀币按形状可分为针首刀、尖首刀、截首刀、圆首刀和平首刀等。其中尖首刀因刀刃上端尖首而得名。

尖首刀刀身轻薄，刀柄与刀身同样厚薄，长16～17厘米，重15克左右。尖首刀只具有刀削的形象，而无法用于实际的切削，主要发现于太行山两侧的山西北部和河北北部地区。尖首刀带有明显的北方戎狄民族随身携带的刀削形象的痕迹，推测是戎狄民族与中原民族用畜产品交换农产品或手工业品时使用的。尖首刀的使用时间也很长，在战国后期的一些窖藏中，也常见到它与战国晚期货币一同出土。

9. 最早的刀币品种是什么？

现今出土的文物中，刀币的品种多种多样。相关考证证明，最早的刀币品种是针首刀。针首刀刀尖细长，像针一样，刀身轻薄。早期的针首刀形状比较大，后面就开始逐渐变小。

 齐国"齐返邦长大刀"你知多少?

齐返邦长大刀

　　齐国通行的货币有"三字刀""四字刀""五字刀"和"六字刀"等,其命名以刀上的字数为准。目前发现并著录的齐刀有"齐大刀""齐之大刀""安阳之大刀""节墨之大刀""齐返邦长大刀"等,其中"节墨""安阳""齐"均为地名。

　　一般认为,"齐返邦长大刀"为齐国带有纪念性的流通货币。长180毫米左右,重45~50克。刀体厚重,脊部隆起,柄端有圆环,柄正面有两道竖斜纹,背面上部有三横纹及箭头形纹饰。币面六字阳文篆书"齐返邦长大刀",文字隽秀。"齐"系国名,"返邦"可能指公元前279年田单迎齐襄王重返齐都,"大刀"为法定货币。"齐返邦长大刀"铸造精良,传世稀少,为中国货币史上最早的纪念币。

 贝币上面最早被铸上文字是什么时候？

我国古代历史上出现最早的货币是贝币。一开始贝币只是原始的海贝，后来才发展成了人工打凿的骨贝与石贝、金属铸造的金属铜贝等。起初的贝币上是没有文字的，如今发现最早的有文字贝币是春秋以后的一种铜贝。这种铜贝上的文字较为特殊，看上去像是一只卧在鼻尖上休息的蚂蚁，因此这种钱币也被人称作"蚁鼻钱"。有些蚁鼻钱的形状像鬼脸，所以又被称作"鬼脸钱"。

鬼脸钱

 最早的铅钱是什么时候铸造的？

铅钱即大量含铅的钱币，钱币的含铅量最高可以达到98%。因为铅并不是古代制作钱币的常用材料，所以铅钱的出土量比较少，铅钱最早出现的时间也一直比较模糊。现今出土的文物中，年代最早的铅钱是战国时期的铅质刀币和圜钱。

 中国最早的金币是什么？

商周时期，我国就已有使用黄金的记载了，但此时的黄金只用作装饰品或当作赏赐品、馈赠物。经考证发现，战国时期楚国的郢爰金钣为最早的黄金货币，它是流通于楚国的一种称量货币。郢爰又名印子金，或称金钣、龟币。郢爰是一种有铭文的金钣，大多呈方形，少数呈圆形，其上印有若干个小方块，类似乌龟壳。金钣上的铭文有"郢爰""陈爰""专爰""颖""覃金""隔爰"及"卢金"等。

郢爰有特定的形制、铭文、重量，郢爰的使用范围随着战国时期楚国势力范围的扩张而不断扩大。作为我国最早的原始黄金铸币，郢爰在黄金货币史上具有极其重要的开创意义。

楚国郢爰（中国钱币博物馆藏）

 ## 最早的圆形货币是什么？

　　最早的圆形货币是战国时期的魏国所铸造的圜钱。圜钱是由纺轮或璧环演变而来，圆形圆孔，旧称圜金，又称为圜化、环钱。圜钱外形为圆形，中有孔。其孔亦多为圆形，少数为方形、六角形等。圜钱大小适当，比早些时候出现的布币和刀币都要小。用线穿过中间的小孔把圜钱串起来也方便携带，因此很快就被人们接受。圜钱逐渐就演变成了圆形方孔钱，圆形方孔钱后来也成为中国古代货币的主要形制。

圜钱

货币金融研学百问百答

 **为什么秦始皇要统一货币制度？**

在秦始皇统一货币制度之前，各国的货币兑换比例复杂且混乱，各国的度量衡标准也不统一，因此秦始皇在统一全国之后，在货币制度、度量衡、车轨、文字等多方面进行统一，方便各地沟通交流，进行贸易往来。

 **战国秦半两钱的主要特点有哪些？**

钱币为圆形，但外形并不完全规整。直径2.6～4厘米，中间的方孔或大或小，厚薄也不完全一致，钱币正面与背面都不十分平整，各枚钱币的字体也不完全一致。按秦制一两钱当在15克左右，则半两钱应为7～8克。但战国秦半两钱重2～10克不等，多数在5～6克。

秦半两钱

秦半两钱

 为什么半两的重量不断变化而不是恒定的？

半两钱为我国钱币史上流通最久的金属货币，从秦代开始一直沿用到隋朝灭亡，因此又有"长寿钱"之称。但是，历代的半两钱重量并不是恒定的，这是为什么呢？

其原因主要有三个：一是秦朝钱范多为泥陶范，伸缩性强，不能保证重量一致。二是不同统治者对半两的规定不同，秦最初以24铢为半两，汉代吕后以8铢为半两，汉文帝以4铢为半两。此外，在汉朝，钱形大小、钱文及钱币质地都有明确的规定，但对钱币的重量这一核心要素却没有明确规定。三是民间私铸现象严重，导致各地随意增减钱币重量。

 **为什么古代的大部分铜钱都是圆形方孔的?**

工艺需要。圆形方孔钱需要将圆边磨平才能流通,而要将圆边磨平,就需要用木棍一类的物品穿过钱眼,将它固定在案板、桌面上。如果中间挖圆孔,用木棍不好固定,打磨时会像车轮一样旋转起来,于是改为方孔。"天圆地方""无规矩不成方圆",乃是后世附会之说。

秦始皇灭六国后,将"半两"钱定为法定货币,统一了货币制度,各种原始形态的货币都统一在方孔圆钱之下。从此,方孔圆形成为中国铜钱的固定形制,一直沿用到清朝末期出现机制币为止,共有两千多年历史,是我国历史上沿用时间最久的货币形式。

益六货正面

益六货背面

半两

19 五铢钱的"铢"在古代的含义是什么？

在古代，五铢钱的"铢"是重量单位，而不是币值计量单位，国家计量总局编《中国古代度量衡图集》也记载汉代一两为15.6克。汉武帝铸造三铢后，开始了"以铢代两"的时代，当时汉代一两的二十四分之一为一铢，因此，一铢为0.65克。

东汉五铢

20 在古代民间可以私自铸币吗？

中国历史上的大多数时候，铸币权和发行权都归中央所有，私铸钱币属于违法行为。战乱时期、中央政府无法强化中央集权时期或某些朝代短暂允许私铸钱币的情况下，会出现私铸钱合法化。例如，西汉初期百废待兴，为促进经济发展，允许民间私铸钱币。汉武帝时期，政治稳定，私铸钱币不利于中央集权制度，易引起诸侯纷争，故汉武帝废除了私铸钱。

 汉"白金三品"名字酷炫狂拽！它们真的是白金吗？

汉"白金三品"

  汉"白金三品"不是白金制品，而是银锡合金制品。汉"白金三品"为：圆形龙，值三千钱；方形马，值五百钱；椭圆龟，值三百钱。汉"白金三品"与新莽钱币一样，两者都是中国历史上早期尝试发行的大面额货币。

  由于发行汉"白金三品"时，民间仍然可以私铸钱币，不少私自铸造钱币者故意降低了白银的含量，提高了锡的含量，将这种劣质的货币带入市场，导致市场混乱，最终汉朝政府下令废除了汉"白金三品"。

  除汉"白金三品"、新莽钱币外，汉朝另一种大面额货币是白鹿皮币，一张白鹿皮币长宽均为一尺，货币上绘有彩色图案。但白鹿皮币一般用来赏赐，不能转让，也不能在市场流通。

22 什么是鹅眼五铢和磨郭五铢？

鹅眼五铢，即小五铢，是西汉时期官方铸造的五铢钱辅币，俗称"鸡目钱"。鹅眼五铢钱直径1.15～1.2厘米，重0.62～0.65克。南北朝刘宋在景和元年（公元465年）铸造的一种鹅眼钱，它不仅是中国历史上最轻小的钱币，还是世界上最轻小的方孔圆钱。

磨郭五铢即边郭经挫磨的窄边或无边郭的五铢钱，又称磨边五铢。被磨五铢钱减重超三分之一。磨去的铜屑多用来重新铸造轻小劣钱。磨郭五铢起源于西汉，东汉中晚期大批涌现，南北朝时也有出现。磨郭五铢的大量出现表明了当时经济的衰败，也暴露了国势的孱弱，呈现即将崩溃的趋向。

鹅眼五铢　　　　　　　磨郭五铢

汉代马蹄金（中国钱币博物馆藏）

23 史书中的"金"一定都是黄金吗？

翻开《汉书》，皇帝给部下赏赐"金"的例子不胜枚举，且动不动就是万斤甚至是几十万斤。比如卫青北上抗击匈奴有功，皇帝赏赐黄金二十余万斤。《汉书·食货志》（下）记载："卫青比岁十余万众击胡，斩捕首虏之士受赐黄金二十余万斤""大将军、骠骑大出击胡，赏赐五十万金"。

西汉黄金数量之巨，得益于前朝的积累。但史书中提及的赏金真的都是黄金吗？这得从汉制说起。《汉书·食货志》记载，"金"有三等，上为黄金，即真正的黄金；中为白金，即白银；下为赤金，即丹阳铜、青铜。由此可以得知，汉朝史书涉及的几万斤"金"并不一定全是真正的黄金，也可能是三种"金"的合计，包括黄金、白银、青铜。赏赐的"金"是不是真正的黄金，就要看带不带"黄"字，带"黄"字则是真黄金，不带"黄"字的也未必不是黄金。

24 王莽建新朝后为什么一定要币制改革，以至于把新朝改"死"了？

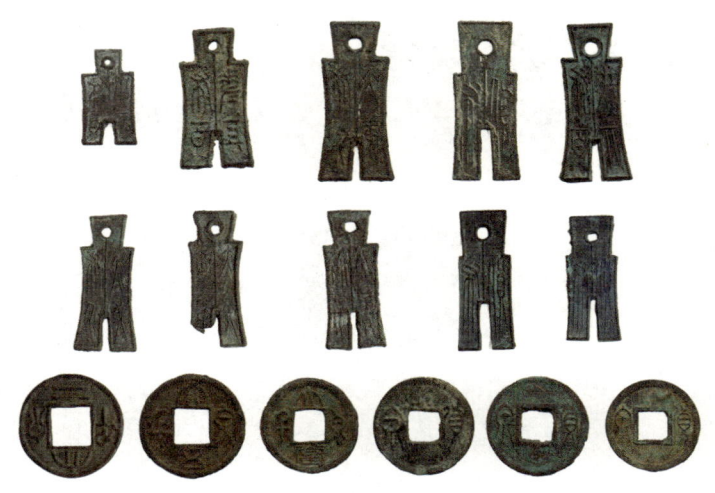

王莽货币

王莽废汉建立新朝，但依旧面临刘汉势力的威胁。王莽希望通过改革汉朝币制，在一定程度上削弱敌对势力，巩固自身统治。同时，王莽也期望通过由"纪重货币"到"纪值货币"的币制改革，解决长期以来汉币制之弊端。当然，王莽也希望通过币制改革达到搜刮天下财富的个人目的。

王莽仅仅在位十几年，就进行了四次币制改革，发行了大量货币。百姓还未习惯新货币，政府就再颁新政进行改革，以至于市场币种复杂，金融体系濒临崩溃，天下民不聊生，生灵涂炭。最终，各路农民起义兴起，使新朝湮没于浩荡的历史洪流之中。

货币金融研学百问百答

25 在古代，成语"铸成大错"另有他意吗？

西汉末年，王莽废汉建立新朝。在短短十几年执政期间，王莽进行了四次币制改革，致使货币体系混乱。但是，王莽钱币的铸造工艺先进、制作精良，如一刀平五千、六泉十布等币种，都是后世难得的珍品。

"一刀平五千"形似钥匙，上端为圆环钱币状，下端为刀币状。其质地沉重，上以金线错入环中书"一刀"两字，刀身直书"平五千"。成语"铸成大错"，起初是指制成一件如金错刀般工艺复杂的器物，后世才逐渐演变为"犯下大错误"的意思。

一刀平五千

26 中国古代面值最大的金属铸币是什么?

国宝金匮直万钱是我国古钱币中面值最大的货币。新莽国宝金匮直万钱铸造于西汉居摄二年（公元7年），由王莽铸造。新莽国宝金匮由上下两部分组成，上部为方孔圆钱形制，直径约2.6厘米，书有"国宝金匮"四字，旋读，悬针篆；下部为正方形，边长约2.5厘米，内有两条竖棱，中间悬针篆直书"直万"二字，即值五铢钱一万枚。国宝金匮直万钱因史书不载，有人疑其为开炉、镇库之属。

国宝金匮直万

27 什么是套子钱？

套子钱是中国钱币学的专用名词，指同一个朝代年号或同一钱局在特定时期内所铸的钱，钱质与形制相同，有面值大小几等的差异，把它搜集起来，通过不同的组合排列配套成龙。如某朝代铸造的小平、折二、折三、折五、折十等五种钱，被称为套子钱。套子钱以王莽的"六泉""十布"最有名，而康熙通宝背满汉文的二十局套子钱"同福临东江，宣原苏蓟昌，南河宁广浙，台桂陕云漳"最常见，也为大家津津乐道。

王莽钱币

28 方孔圆钱中最早铸地名的钱币
——蜀汉犍为五铢

直百五铢

纪地钱是背文铭记铸地简称之钱。中国古代最早的纪地钱为蜀汉犍为五铢。东汉献帝建安十九年（公元214年）蜀汉刘备初取巴蜀，据成都，自领益州牧。为解决连年征战军费不足、国库空虚的问题，刘备在大臣刘巴的建议下开铸直百五铢，一枚直百五铢可兑换100枚五铢钱。

直百五铢面文篆书"直百五铢"或"五铢"几字，文字直读。多数直百五铢为光背，少数背文"为"字以示该钱币的铸造地，所以又有"犍为五铢"之称。后来因犍为所铸的钱已不限于本地流通，所以钱背后来不再铸"为"字，故存世稀少。

29 中国第一个以国号为名的方孔圆钱是什么？

十六国时期的前凉凉造新泉是中国第一个以国号为名的方孔圆钱。凉造新泉一般认为是前凉张轨于公元301年任凉州刺史时铸。凉造新泉为青铜质地，钱文篆书字体端庄凝重，布局疏密匀称，但钱文有失清晰，背无文。形制上可分为大样与小样两种，小样钱是凉造新泉中较多的一种。

凉造新泉

30 我国历史上最早的年号钱是什么？

年号钱即以帝王的年号为钱名的铸币，是中国古钱中较为常见的一种。中国历史上最早的年号钱是十六国时期的汉兴钱，它是十六国成汉李寿的铸币。汉兴钱直径17.2毫米，重约1克，按钱文排列的方式可分为两种：一种是上下排列，俗称"竖汉兴"或"直汉兴"；另一种是左右排列，俗称"横汉兴"。汉兴钱，开创年号钱之先河，是中国古代钱币从重量记名到年号记名的转折点。

大夏真兴（中国国家博物馆藏）

31 最早的国号加年号钱
——十六国时期夏国大夏真兴

大夏真兴钱是东晋十六国时期匈奴贵族赫连勃勃在建立夏国之后，于公元419年占领长安改元"真兴"年号以后所铸。大夏真兴钱铸造精美，面文书"大夏真兴"四字，旋读，穿口较大，光背。大夏为国号，真兴为年号。

大夏国的"真兴"年号只用了6年时间，"真兴"之后，大夏国便陷入了两年抵抗北魏的战争中，因此发行量极少。目前发现的"大夏真兴"仅有7枚，其中，中国国家博物馆收藏2枚，天津市历史博物馆收藏1枚，靖边博物馆收藏1枚，还有一些古钱币被私人收藏。大夏真兴是中国最早出现的国号、年号并铸在一起的方孔圆钱。

32 阿堵物是什么？

　　阿堵物是钱的另一种称呼方式。"阿堵"为六朝时口语词，表"这个"之意，"物"意为"东西"。《晋书·王衍传》中记载这样一个传说：晋国有个叫王衍的大臣，字夷甫，是位著名的清谈家。他一贯以来都标榜自己是个非常清高的人，对钱嗤之以鼻，提都不愿意提一下。

　　他的妻子郭氏很想逗他说"钱"这个字，但试了很多次都没有成功。有一次，妻子郭氏为了逼王衍说出"钱"字来，趁着王衍熟睡的时候，郭氏叫仆人把铜钱串成一串串的，围绕在床的周围。郭氏想，这样王衍醒来的时候无法下床走路，肯定会说出"钱"字来。郭氏没想到的是，第二天，王衍醒来后看到满地的钱，便把仆人喊来，他用手指了指地上的那些钱说道："举却阿堵物。"自此，阿堵物便成了钱的代名词。阿堵物这一称呼方式有一定的轻蔑义。

33 为什么古代铜钱会出现"半两""五铢""通宝"等不同的名称？

开元通宝

"半两""五铢"都是表示货币重量的单位，纪重半两为2~10克，五铢为3.5~4克，各个时期的重量会有略微变动。到了唐高祖武德四年（公元621年），为了解决铢两货币重量不统一的问题，李渊改革货币制度，统一铸造"开元通宝"钱，此后我国的铜钱不再用钱文标重量，都称作"通宝""元宝"，这项制度一直沿用到辛亥革命后的"民国通宝"。

34 在没有"冠字号"的古代，古人是如何区分铜钱的"版别"的？

现出土的"宝文制钱"上就带有"星月纹"，一般认为月纹是标示炉别的记号，犹如今纸币冠字号。古人开炉铸钱，对于原料的耗费、成品的质量、人工的多少都要进行核计，在钱币背面添加标记，表示为某一部门所铸造的，用来做检验时的凭证，如背后有一个或多个"月牙纹"。这种炉别标记在先秦的布币上已经出现，五铢钱一般将划痕、横画及星纹作为标记，在这之后每个朝代的钱币上都经常见到这类记号。

开元通宝背面月牙纹

民间传统观点认为新月象征"新生""向上"。月牙在人们的心目中是一种光明的希望，是对美好的企盼。李渊夺取政权，推翻隋朝建立唐朝，开辟了历史的新纪元。百姓们经过战乱、饥荒的痛苦之后，也希望翻过历史的一页，开始新的篇章。因此，为了区别于前代货币，除了钱名不同外，铸钱使还在宝文制钱的钱背上留下新月纹，寓意蒸蒸日上，永不满盈。

开元通宝背后的月牙纹，传说是后妃在送审蜡样模具上的掐印所致。但后妃的具体身份却众说纷纭，一说是太宗李世民的文德皇后，一说为高祖李渊的窦皇后，还有一说是玄宗李隆基的杨贵妃。事实上，月牙纹的作用类似于今天的冠字号，月牙纹的不同位置标注的是不同的炉次。

第一章 中国古代货币

031

35 唐代第一枚年号钱"乾封泉宝"仅铸八个月便被收回,为何?

"乾封泉宝"钱为唐高宗乾封元年(公元666年)铸,是唐代第一枚年号钱。"乾封泉宝"有青铜和铅两种材质,一般直径2.5~2.8厘米,重3.7~4.9克,面文"乾封泉宝",隶书,旋读。乾封元宝在正式流通后,导致通货膨胀,造成经济动荡,因此乾封泉宝钱仅铸八个月便被停铸收回。

"乾封泉宝"(中国国家博物馆藏)

36 电视剧里丢一锭银子喝茶都是真的吗？

唐太宗贞观年间物质文明非常丰富，斗米五文，通常一两银子相当于1000文铜钱（又称一贯），可以买200斗米，10斗为一石，200斗即是20石，唐代的一石约为59公斤，也就是说一两白银可以买1180公斤大米。按现在的米价一斤两元多来计算，唐贞观年间的一两白银等于今天的四千多元人民币。

在影视剧中，我们常看到主人公在酒肆饭馆豪掷白银的情节，这在现实中是不存在的。政局稳定、经济发达的时候，一两白银甚至可以购买一座四合院。古代温饱之家多数从事自给自足的农业生产，一年里甚至用不到白银。

银锭

37 纵观五千年历史，为什么御书钱唯宋代独有？

御书钱，就是钱文由皇帝亲笔书写的钱币。两宋时期钱币的铸造量达到了空前的规模，而且工艺精湛、钱文精美，又有"御书钱""对钱"等新颖独特的钱币版式，在数量、种类以及钱文艺术上都创造了中国古钱币之最。宋代多位皇帝都亲笔书写过钱文，"御书钱"的开创者是北宋太宗皇帝赵炅，而宋徽宗赵佶凭借其独创的瘦金体，手写"大观通宝"钱文，更是代表了宋代钱文艺术的最高水平。

宋徽宗崇宁通宝正面　　　　宋徽宗崇宁通宝背面

宋徽宗崇宁重宝正面 　　宋徽宗崇宁重宝背面

淳化元宝正面 　　淳化元宝背面

　　御书钱唯宋朝独有，最重要的原因便是宋朝"以文治国"的方略。宋太祖黄袍加身，通过发动陈桥兵变，武力夺得天下，如果再崇尚武力，必定危及宋朝统治。皇帝带头吟诗作画，无疑有利于维护统治。同时，古人认为文字为圣人创造，具有至高无上的地位。钱币关系国计民生，更是国家经济命脉。皇帝亲自撰写钱文，既符合专制皇权的需要，同时能体现皇帝在文化艺术方面的造诣，增强天下百姓对皇权的敬畏感。如宋徽宗这样国家治理能力偏弱、军事才能比较平庸的皇帝，却能通过钱币的题字体现个人魅力。因此，御书钱唯宋代独有，离不开宋代独有的文人治国方略。

38 什么是对钱？

对钱

所谓"对钱"，是指钱文相同而书体不同、可以成双配对的钱币，亦称"对品""对子钱""对文钱""对书钱""和合钱"。通俗而言，即同一种年号名称的两枚钱，它们的大小、厚薄、币材、边廓、穿孔完全一样，只有书法形式不同，或篆书、或隶书、或行书、或正书，两两配合，相互成对。日本泉界称对钱为"符合泉"。

对钱最早出现于五代十国的南唐，宋代最流行，元以后绝迹。从北宋天圣元年（公元1023年）开始直到南宋淳熙七年（公元1180年）间，宋朝对钱兴盛将近160年之久。如"政和通宝""宣和通宝""崇宁通宝""元丰通宝""元祐通宝"都是比较知名的对钱。

"政和通宝""宣和通宝""崇宁通宝"对钱上有宋徽宗的瘦金体御书钱文。著名文学家苏轼曾为"元丰通宝"对钱书写篆书体钱文，为"元祐通宝"对钱书写行书体钱文。史学家司马光曾为"元祐通宝"对钱书写了篆书体钱文。

对钱是中国钱币造型独具特色的表现形式，体现了中国传统美学的基础对称美。

39 我国最早背铸纪年的钱币是什么？

淳熙元宝

　　淳熙元宝是我国最早的纪年钱，为宋孝宗在淳熙元年（公元1174年）至十六年（公元1189年）时铸造，背记地支及星月文等，钱文有真、行、草三体，铜钱小平径2.3～2.5厘米，折二径2.7～2.8厘米。

　　淳熙元宝在淳熙七年（公元1180年）开始在元宝背面标明年份，如"捌"即为淳熙八年（公元1181年）铸造。从淳熙九年（公元1182年）起，背面的纪年文字改为汉字小写数字。淳熙元宝在背面铸明纪年是中国铸币史上的一大创新。淳熙元宝除有铜钱外，又有各种大小铁钱，以铁母者少见。

40 为什么最早的纸币出现在四川？

宋代是中国古代史上货币铸造量最多的朝代，也是使用铜钱最多的一个朝代。宋代有一个始终贯穿又得不到解决的问题就是钱荒，在四川地区则格外严重，北宋灭掉后蜀后，将大量的铜钱运送到京师，四川变成了一个铁钱区。淳化四年（公元993年）王小波、李顺在四川起义，四川的铁钱铸造工作被迫停止，四川陷入了严重的钱荒危机。四川地区货币的短缺直接催生了世界上最早的纸币——交子的产生。

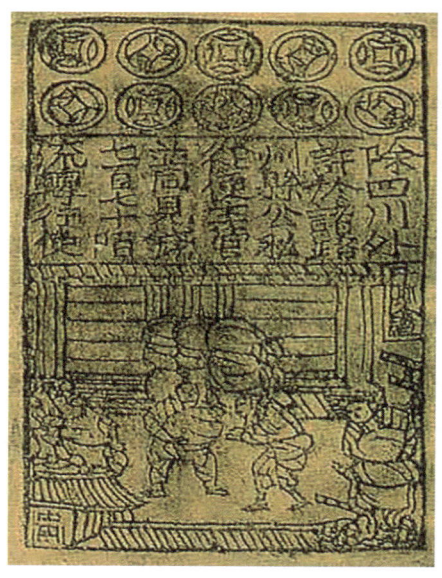

交子

41 北宋交子为什么没有沿用到现代呢？

交子是中国最早的纸币，也是世界上最早使用的纸币，最早出现于四川地区。北宋时期，商品经济发达，大宗交易频繁，铁钱交易极其不方便，迫切需要方便携带的大额钱币，交子这一纸钱币就应运而生了。

北宋交子已经具备了现代纸钞的基本特征，如这时就有了准备金的概念。但由于宋朝金融业缺乏相应的监管制度，初期交子又是由私人钱庄发行的，这为钱庄滥发交子提供了钻空子的机会。起初，一贯交子可换一贯铁钱，兑换比例为1∶1。后来，钱庄为了谋取利润，挪用铁钱，滥发交子，发行交子的数量远远大于流通中铁钱的数量，导致交子急剧贬值，信用一落千丈。老百姓拿着一贯交子去钱庄兑换，只能换来半贯铁钱。交子失去了信用，也就丧失了流通功能，从而也就失去了自身存在的价值。

崇宁通宝铁钱

42 古代出现铁铸钱的原因是什么？

自汉至民国初的两千余年中，中国铸行铁钱的时间断断续续有五六百年。在不同的时期，铁钱产生的原因也不尽相同。如汉代产生铁钱的直接原因是私自铸造钱币牟取私利；宋代因为铜铸币无法满足商品市场对货币的需求量，那时候铜的需求量越来越大，采掘越来越多，铜实际储备量就越来越少了，所以官方统一以铁代铜，铸造铁钱代替铜钱流通于市场；清朝是因为太平天国运动爆发，政府发生了财政危机，筹集军费困难，采取铁铸钱和发行票钞来应对。

43 为什么白银在宋代才正式进入流通领域？

白银在宋代之前就已经出现了，但因为开采难度大，也没有发现大面积的银矿，因而很稀缺且价值很高，主要作为观赏物、赏赐物和贵金属，而没有作为流通币出现在商品交换领域。但是在宋代，由于更多银矿被发现，金属冶炼技术进步和商品经济发展对货币需求的增大，白银就正式进入流通领域，出现在老百姓的生活中。白银在宋代被称为银锭，主要用于消费、买卖田地和房屋以及交税等。

银锭正面

银锭背面

古代碎银与戥子

44 古代碎银是怎么用的？

　　古代的银子大都是铸好的银锭。银锭面额比较大，最小的也有一二两，在日常使用中很不方便。为满足日常生活中的小额交易，人们就用剪刀把大块银锭剪成零碎的小块，即碎银。古代流通的银子多为纯银，质地较软，用钢剪就可以剪开。碎银大小不等，没有准确的面额。支付碎银时，要用专门的"戥子"（又称戥秤）称量。

45 为什么元朝实行纯纸币的货币制度？

将纸币作为主体货币并在全国大范围内流通，这一制度始于元朝。元朝称这一制度为"钞制"。元朝施行纯纸币货币制度是各方面原因促进的：

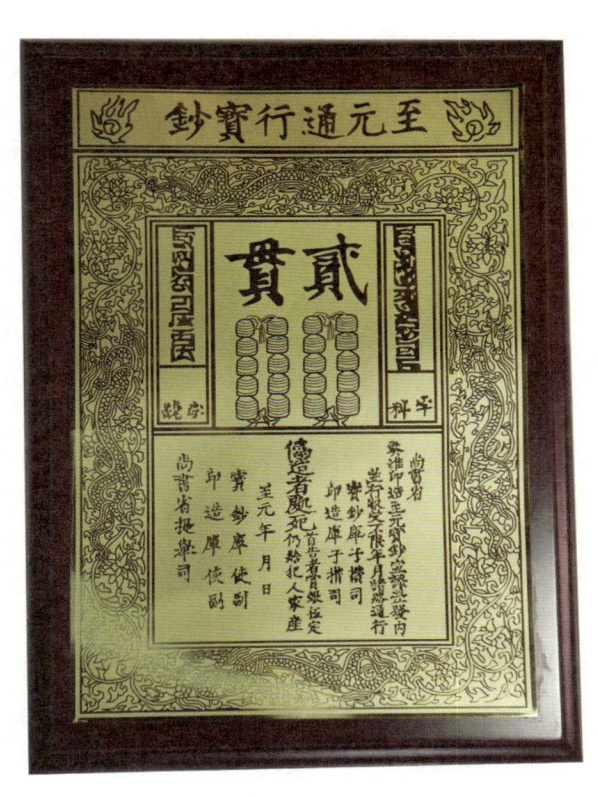

至元通行宝钞

第一，纸币制度的逐渐成熟。从唐代的飞钱、到宋代的交子，纸币的制度逐渐得以发展，到了元代，钞制已比较成熟了。《元史·食货志》有记载："元初效唐、宋、金之法，有行用钞。"

第二，元朝金银消耗严重，铸造铜钱成本高。长期以来我国的金银产量比较低下，一方面元朝皇帝每年要给朝廷中的官员、功臣以及后宫的嫔妃等赏赐大量的金银及其制品；另一方面由于元朝对佛教的推崇，大量金银用于修建佛寺。至于铜钱，由于华北地区不产铜，从遥远的外省千里迢迢运到大都的话，铸钱成本高，因此在华北地区铸造铜钱很容易入不敷出。

第三，元朝建国之初忽必烈接受了大臣刘秉忠发行纸币的建议。明陶宗仪《辍耕录·钱币》记载："钱用于阳，楮用于阴。华夏，阳明之区；沙漠，幽阴之域。今陛下龙兴朔漠，若临中夏，宜用楮币，俾子孙世守之，若用钱，四海且将不靖。"大意为铜钱用于阳，纸币用于阴。华夏，阳明之区；沙漠，幽阴之地。今日陛下龙兴朔漠，如果主掌中原，适合发行纸币。陛下应当叮嘱后代子孙，如果流通铜钱，将来天下四海都难以安宁。

46 世界上面积最大的纸币是什么？

大明通行宝钞是我国古代也是世界上迄今为止票幅面积最大的纸币，票幅尺寸为338×220毫米。大明通行宝钞采用桑皮纸制作而成，钞面外围印有防伪龙纹花栏，横题印有"大明通行宝钞"六字，中下部印有防止民间伪造而设置的严苛律令。

大明通行宝钞

第一章 中国古代货币

47 "钞票"上的法律
——大明通行宝钞

朱元璋时代，政府通过极其严苛的法律以及间谍监视，保证社会稳定，避免政局动荡。

明代发行大明通行宝钞，而纸币容易被民间仿造产生假币，破坏正常的货币流通秩序。所以明朝采取经济和法治相结合的手段严禁伪造钞票，《大明律》中明确规定："惟铜铁私铸者，故斩。"

朝廷曾多次强调使用法定货币，不得伪造，否则处以极刑。同时，明朝廷还把严禁伪造的条文刻印在"大明通行宝钞"的正面——"使用伪造者斩，告捕者赏银二百五十两，仍给犯人财产"。这段文字，明确规定了宝钞的通行和禁止伪造，措辞严厉，奖惩分明。这段文字在维护纸币的权威性和保障其在全国正常流通上起到了很重要的作用。尽管如此，仍然有伪造货币者为利益所诱惑，不惜触犯法律，如江苏某地锡匠，用锡制作假雕版，制作假币牟利。东窗事发后，按照刑律，伪造使用者几百人一并处斩，那时的人说有"九十余里，尸首相望"。

48 明朝对外贸易的主要钱币是什么？

永乐通宝

永乐时期开铸的永乐通宝为明朝对外贸易的主要钱币。永乐通宝铜色紫红，钱面铸造"永乐通宝"四字，真书直读，笔画清秀，整齐划一，钱文秀逸，钱背无文。永乐通宝全部为小平钱，主要用于对外贸易，为明初对外开放发挥了重要作用，是600年前的国际贸易硬通货。

49 为什么中国的纸币制度在明朝最终走向消亡？

明初以铜为法定货币。洪武八年（公元1375年），朝廷为缓解铜钱不够用的危机，发行大明宝钞。1521年，明朝纸币最终走向消亡。

中国历史上，宋元时期纸币滥发情况时有发生，但大多数时候，朝廷发行纸币时备有准备金以防不测。但是，明朝朝廷并没有明确规定印钞数额，仅是依据朝廷财政需要和民间金银的数量来确定印钞数额，只发行钞票不回收钞票，且禁止民间流通金银。明朝纸币发行初期的20年间，纸币还是比较稳定的。后来明朝为了缓解财政危机，滥发纸币，致使纸币大量贬值。公元1465—1487年，一贯的纸币只值一文，通货膨胀极其严重。最终，明朝纸币走向消亡。

另外，明代对外贸易频繁，中国的陶瓷、丝绸、茶叶等经海上丝绸之路与陆地丝绸之路远销海外，大量白银流入中国。随着白银的大量流入，英宗时期官员俸禄开始由粮食改为白银，国家的税收也开始全部折银，白银正式成为政府确认的硬通货。

总而言之，明朝纸币的贬值与外国白银的大量流入是明朝纸币走向消亡的主要原因。

50 为什么中国古代始终无法避免滥发纸币的情况？

中国古代大范围使用的纸币只是"政府信用货币"，而非现代意义上的"银行信用货币"。唐代的"飞钱"、宋代的"私交子"等都是私人信用货币，其债务可转让性和信用范围有限。宋代的"官交子"、元代的"交钞"、明代的"宝钞"等在发行初期都比较稳定。

元代中统元宝交钞
（中国钱币博物馆藏）

但是，遇到战争或危机的时候，朝廷开支过大，朝廷就会通过滥发纸币来缓解财政危机。加之印钞造币机构和政府财政机构为一体，朝廷也很难限制印钞的数量，相当于现代央行直接承接政府赤字，通过直接印钞来弥补财政赤字，而并非现代意义上的公开发行国债筹资。

51 你知道清代主要使用的货币是什么吗?

清代主要使用的货币有铜钱和银两。在入关之前,清朝已经创制文字,铸造钱币。入关之后,清政府仿照明制在全国各地设局铸造铜钱和银两。在大宗主要交易中,白银为主要货币。此外,政府的开支几乎全部都是用银,官俸也都是以银计算和支付的,清政府也鼓励民间用银进行交易。清代的小宗买卖以银为主币,铜钱为辅币。

清代铜钱

52 你了解清代的钞票吗?

在清朝"钞"和"票"是不一样的,"钞"指的是"大清宝钞",主要兑换铜钱。"票"指的是"户部官票",主要用于兑换官银。户部官票是清政府发行的一种纸币,主要用于支付军费、官员的工资等。官票以银两为单位,因此也有"银票"之称,其面额分为一两、三两、五两、十两、五十两等五种。

53 清代只有政府才能发行钱币吗?

清代的纸币发行并不仅限于官方。除清政府印发的户部官票和大清宝钞之外,清末的私营钱行号和私营银钱店也有印发钞票。这些私营金融机构包括钱庄、钱铺、钱店、银号等,它们构成了清代的一种地方性金融行业。清代大面额的银票都是私人钱庄的银票,并不是官票。

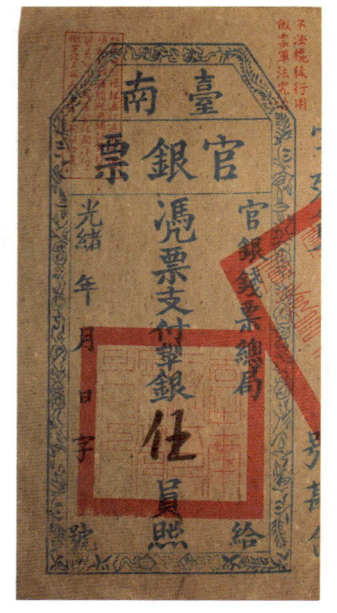

清代银票

54 古代钞和票是怎么防伪的呢?

在古代，钞用于兑换铜钱，票用于兑换白银。二者的防伪主要依靠两点：一是暗记。钞和票的票面上常常会有一些极其细小且不易发现的记号。二是官印和骑缝印。官票和宝钞背面的官印来自户部及其下属的各级机构，钞票每经过一机构转运或发行，就要在其背后加盖机构的官印，并会在一式两份的钞票结合处盖一个章，称为"骑缝印"。若两张钞票的半边印章无法拼合，则无法兑换。

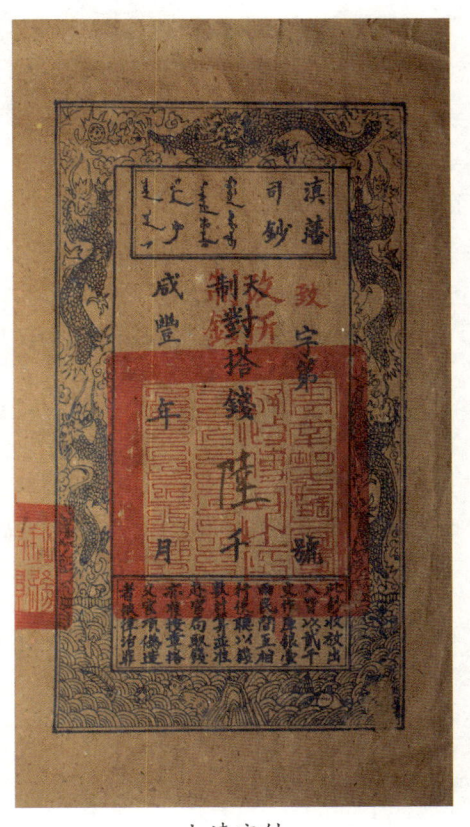

大清宝钞

咸丰重宝

55 铜钱不够？大钱来凑 ——咸丰大钱的由来

  清咸丰年间，内忧外患。内有太平天国运动，外有第二次鸦片战争，还要赔偿第一次鸦片战争中的战争赔款，因此国库空虚、财政枯竭，只能铸造大钱。大钱的面额多，铸量大，种类达上千种，金银铜铁铅各种金属质地的都有，大钱上汉满回文都有，钱制十分混乱，把清政府的腐败衰弱全部暴露出来了。发行大钱，也是古代政府提高购买力的主要手段之一。

56 字迹歪斜的咸丰通宝是错币吗？

不是。清代咸丰年间战乱频繁，通货膨胀，虚值货币应运而生。咸丰三年（公元1853年），清政府铸造大钱，咸丰通宝便是其一。咸丰通宝版式很多，有一种咸丰通宝上的"丰"字略显歪斜，这一铜币通常会被认定为"错币"。

其实，这枚货币并非错币，而是有着特殊寓意。其中一种说法认为，"丰"繁体字的写法犹如粮囤，只有大丰收时期，粮囤才会被压得倾斜过去。战乱年代，国家最需要的莫过于粮食丰收、民间富足。把"丰"写歪，实际上代表了朝廷和地方政府祈求来年风调雨顺、全国丰收的寓意。

咸丰通宝

57 你知道中国寿命最短的货币是什么吗？

祺祥通宝是中国古代流通时间最短的货币，清朝咸丰六年（公元1856年）由户部宝泉局铸造。祺祥通宝的铸造本来是用以稳定国家经济的，但咸丰皇帝的突然驾崩，使铸币未能在市场上流通，"祺祥"年号仅存69天，铸币回炉铸为"同治"钱。祺祥通宝阔缘无锈，铜质细腻，色泽金黄，铸工精湛，面文"祺祥重宝"四字端庄挺拔，内廓穿口具清钱特征。背面左边为满文"宝"字，右边为满文"源"字。

祺祥通宝
（中国国家博物馆藏）

58 为什么清末大清银行兑换券上正面印着的是载沣？

光绪帝驾崩后，由于其膝下无子，便由其侄儿溥仪即位。但溥仪年幼，其父载沣便主持政事。大清银行发行货币时，本打算印上当时皇帝的头像，但因为溥仪当时还太小，大臣们认为在钱币上印小孩头像会有损皇家尊严，于是就将溥仪的生父，也就是摄政王载沣的头像印了上去。

大清银行兑换券

59 清朝的机制币
——结束了外圆内方币型

清末时期，清政府主张向西方学习先进文化，社会上掀起"师夷长技以制夷"的进步思想。光绪十二年（公元1886年），两广总督张之洞向英国伯明翰订购造币机器，筹建广东钱局，并于光绪十五年（公元1889年）做出样币，开创了近代机制币先河。李鸿章在任两广总督的时候，开铸的广东铜元，如广东一仙、广东二仙等，是中国最早的机制铜元。其币面花纹精致，式样美观，中间无孔，各省纷纷效仿。机制币的诞生，结束了中国货币史两千余年方孔圆形货币的形制。

机制币与方孔圆钱的不同在于：一是清朝机制币是用机器制造的，而圆形方孔钱是人工制造的钱币；二是清朝机制币中间无孔，而圆形方孔钱中间有方孔；三是中国传统钱币主要用文字装饰，而世界上绝大部分国家货币多用图案装饰，机制币则结合这两点，币面图文并茂，花纹精致，式样美观；四是机制币的铸造与发行量相较于传统方孔圆钱更大，机制币的形状与样式也更加规范、统一。

清朝机制币正面

清朝机制币背面

60 现代货币"元"单位是怎么来的？

光绪元宝

光绪元宝铸造发行期间，对银元应以"元"还是以"两"为计量单位这个问题上存在分歧。保守派认为要保留传统，银元要以"两"为计量单位；洋务派坚持要与国际接轨，银元必须以"元"为计量单位。这就是晚清时期出现的"元两之争"。这一时期银元的铸造更是五花八门，有"库平一两"的广东省造，也有"库平七钱二分"的江南省造。经过短暂的"交锋"，洋务派坚持的"元"战胜了保守派坚持的"两"，自此"元"便成了货币的计量单位之一。

61 清末龙洋是怎么来的？

龙洋

清朝末年，我国许多省份先后铸造机制银币，其中一些银币背面铸有蟠龙纹，俗称"龙洋"。中国最早的龙洋是张之洞倡议铸造的广东龙洋。光绪十三年（公元1887年）两广总督张之洞看到大量外国银币流入中国，充斥市场，扰乱经济，就奏请朝廷自己铸造银币，来抵制他国货币入侵。

光绪十五年（公元1889年）清政府批准由广东银元局尝试铸造银币，即"光绪元宝"，外围珠圈，内为英文"广东省"及"七钱三分"字样，背面是蟠龙纹，上方为"广东省造"字样，下方为"库平七钱三分"。这是我国最早铸造的带有蟠龙纹的银币。样币送到北京后户部下令将正面的英文移到背面，而把背面的中文移到正面，最终成为后来广泛流通的广东龙洋。

62 清末李鸿章在广东发行的机制币，为什么有的钱币上打了小孔？

纵观上下五千年历史，从先秦到清末，古代大一统封建王朝发行的铸币形状都是外圆内方。上至朝堂重臣，下至平民百姓，均已经习惯这种钱币形状。然而，近代中国在西方坚船利炮之下，被迫打开国门，向西方学习。洋务运动时期，两广总督李鸿章在广东引进西方铸币机器，开始铸造圆形的实心钱币。这种实心钱币极大地冲击了过去人们的货币贮藏方式。过去人们习惯把钱串起来以方便存储，但机制币是实心的，便用工具在机制币上打上了小孔。受当时打孔工具限制，大部分的孔是参差不齐的。

大清铜币

第一章 中国古代货币

63 为什么太平天国货币上的"国"字少了一点？

洪秀全领导农民建立太平天国后，发明了一系列新字，以表示与清廷决裂、分明界限。其中就包括货币上的"国"字，该字的字形寓意"皇帝坐龙廷"，这反映了太平天国统治阶层在基督教外衣下愚昧的封建思想。民间也有一说法认为，"国"字外面为方框，内为王。字形像国王被困住，此为大不吉，预示着太平天国运动注定会失败。

太平天国货币

64 铜臭味是什么味道？

铜本身并没有气味。当铜与空气中的氧气、二氧化碳和水等物质发生反应后，会生成一种被称为"碱式碳酸铜"的物质，也就是我们熟知的铜绿，就有了不好闻的气味。铜绿是浅绿色的细小颗粒或无定形粉末，是铜锈的主要成分。这种粉末味苦，气味也不好闻，这种味道就是人们所说的铜臭味。

泥陶范

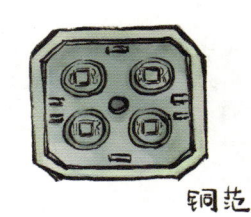

石范　铜范

65 什么叫钱范？

钱范是古代铸钱工艺中使用的范和模的统称。模是制范的工具，模中的钱文以阳文正书。范直接用于铸钱，范的钱文以阴文反书。钱范的工艺直接关系到钱币的铸造质量。

按照质料可以把钱范分为泥陶范、石范、铜范、铁范和铅范等。先秦时期的钱范主要有泥陶范、石范和铜范等。其中，泥陶范所用材料主要是黏土，一范铸一枚钱。石范所用石料主要是灰绿色软石、青石板和石膏，通常是一范铸两钱，后发展到一范铸二至五枚钱。先秦时期的铜范用于铸齐刀和蚁鼻钱。秦汉六朝时期，泥陶范、石范和铜范并用。到了汉代，石范被淘汰。

中国现存最早的钱模是春秋战国时期铸造布币、刀币的泥模，战国时期楚国制造的铜贝模是中国现存最大的铜钱模。

半两钱及钱范（中国国家博物馆藏）

第一章　中国古代货币

063

66 人工铸币的制作过程是怎样的？

古代的铸币包括陶范铸造工艺、石范铸造工艺、铜范铸造工艺等。以空手布的铸造为例，其陶范铸造流程为设计制作空手布阴模、翻制泥阳模、阴干焰烧、制作泥芯、阴干焰烧、两块陶范对合、配料化铜、浇铸钱币、开范取钱等流程。

第二章

中国近现代钱币

货币金融研学百问百答

1 为什么"袁大头"是我国发行量最大、流通最广、存世量最多的机制银币?

"袁大头"硬币正面 　　　　"袁大头"硬币背面

　　1914年2月,国民政府财政部颁布《中华民国国币条例》,整顿统一币制,规定重量为库平七钱二分,成色银九铜一,以后又改为银八九铜一一,以袁世凯侧面头像"壹圆"银币为标准币,俗称"袁大头",由天津造币厂开铸,在全国流通使用。之后,广东、湖北、杭州、安庆、兰州造币厂相继铸造发行。因"袁大头"壹圆银币币型统一,成色、重量有严格规定,很快被社会认同和接受,在国内金融市场上逐步取代了清朝的龙洋,成为我国历史上发行量最大、流通最广、存世量最多的机制银币。

2 为什么有些"袁大头"银币上会刻有"苏维埃"字样?

印有"苏维埃"字样的"袁大头"

部分"袁大头"上,袁世凯头像的后脑处刻有"苏维埃"三字。土地革命战争时期,国民党反动派对苏区进行军事"围剿"和经济封锁,红色政权对抗外敌的斗争环境十分恶劣,某些红军部队和革命根据地条件简陋,无法自行制造货币。为适应对抗外敌斗争形势的需要,红军便在从打土豪缴获来的民国"袁大头"旧银元上刻上"苏维埃"三字,以示区别,作为革命货币使用,用来发展革命根据地经济,保障红军军队建设和红色政权建设。而国民党曾将不少刻有"苏维埃"字样的银元收回重新铸造,因此刻有"苏维埃"字样的"袁大头"并不多见,具有一定的收藏价值。

③ 什么是"孙小头"和"孙大头"？

"孙小头"是南京国民政府名义上统一全国后，在民国建国纪念币图案上稍作修改铸造发行的流通货币。钱币正面的孙中山头像比袁世凯头像小，故被称为"孙小头"。"孙大头"是1933年铸造发行用于代替"袁大头"的银币。"孙大头"正面的孙中山头像与袁世凯头像一样大，背面铸有帆船的图案，因此又被称为"船洋"。1935年11月，国民政府实行法币改革，停止使用银币。"孙大头"的铸造发行仅有2年多，发行量较少，如今市面上比较少见。

从左到右依次为"袁大头""孙大头""孙小头"

三鸟币

4 同样都是银元，为什么孙中山三鸟币总是要贵一些？

"孙大头"正面是孙中山的侧脸，背面是一艘帆船，所以被称为"船洋"。三鸟币为"孙大头"中的特殊版本，于1933年3月由当时的中央造币厂铸造发行，重26克左右。三鸟币与普通"孙大头"的正面无差异，背面帆船上方铸有三只飞翔的海鸥，帆船左右雕刻着面额"壹圆"二字。

三鸟币最初的设计理念是用三鸟代表三民主义。但在流通中却遭到了百姓的反对，民众认为三只鸟犹如东北三省沦陷，也有民众把三只鸟比喻成日本的三架轰炸机。后来，国民政府在重重的舆论压力下迅速回收了市场中流通的三鸟币。三鸟币铸造时间短，流通量很小，因此在收藏界中，三鸟币的价格要明显高于普通的船洋。

5 民国时期，为什么军政府要造四川铜币？

四川铜币

民国时期，中国社会经历了许多动荡和变革，特别是在抗日战争期间，中国的经济遭受了严重破坏，货币的稳定供应在此时期对于经济的稳定和发展至关重要。

军政府作为当时四川地区的实际统治者，有责任维护当地的货币稳定和经济秩序。四川铜币的铸造不仅有助于满足当时社会的货币需求，还可以促进当地经济的发展和繁荣。此外，四川铜币的铸造还可以提高军政府的财政收入，维持其军事和政治运作，增强其实力。

因此，民国时期军政府铸造四川铜币的主要原因是为了满足当时的经济需求，稳定货币供应，促进当地经济发展及增加军政府的财政收入。

6 北洋军阀统治时期发行过哪些货币？

北洋军阀统治时期发行的货币主要有外资银行发行的纸币、本国银行发行的钞票两大类。

第一，外资银行发行的纸币。民国时期，在中国发行纸币的外资银行有十几家，其纸币发行数量极为巨大，且是当时流通的主要纸币之一。外资银行发行的纸币主要有两种：一种是代表我国的，另一种是代表外国的。

第二，本国银行发行的钞票。在通商银行率先发行兑换券以后，中国前后共有31家银行发行过纸币，流通数额极其庞大。

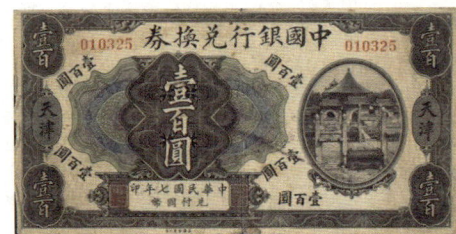

北洋军阀时期发行的货币

7 北洋政府统治时期本国的银行发行的钞票有哪几类？

北洋政府统治时期本国的银行发行的钞票主要分为以下四大类：

第一，中国银行、交通银行发行的钞票。这是在我国金融机构中发行数量较多，流通范围最广的货币，其发行量基本呈逐年上升趋势。

第二，其他特种银行发行的钞票。此类银行主要有殖边银行、边业银行、工农银行、蒙藏银行等。此类钞票数量相对较少，数额从几十万元到几百万元不等。

第三，各省银行、官银钱号发行的钞券。此类金融机构一开始就受制于各地军阀，为解决自身财政问题，各省银行、官银钱号毫无节制地发行纸币，但仅有极少数地区能真正按其面值使用。

第四，商业银行发行的钞票。此类商业银行有中国通商银行、中元实业银行、上海通和商业银行、浙江兴业银行等，该类兑换券数量仅占全国发行量的1%。

除了以上四种情况，北洋军阀统治时期，在中国还有钱庄、银号、商店和企业等机构发行过纸币。北洋政府在财政极度紧张的情况下还曾发行过政府纸币和各种变相的纸币。

交通银行5元正面

交通银行5元背面

中国银行10元正面

中国银行10元背面

8 日本人发行的伪满洲国货币上为何印着中国古代人物？

九一八事变后，日本在中国建立了伪满洲国傀儡政权。为了将整个东北日本化，伪满洲国推行了奴化教育，采用日文教学，并在民众中推广日、满、汉三语杂糅而成的协和语。

同时，为了笼络人心，伪满币票面上也采用了大量中国元素的人物与图案。例如，1944年版五圆的正面印有孟子头像，背面是伪满国务院；拾元的正面印有财神，背面是伪满中央银行总行；壹佰元的正面印有免冠孔子头像及文庙，背面为农场。

五圆正面 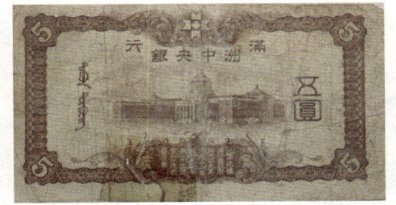　　　　　　五圆背面

拾圆正面 　　　　　　拾圆背面

百圆正面 　　　　　　百圆背面

9 什么是法币改革？
法币改革的意义是什么？

　　法币改革是国民政府于1935年废除银本位制，统一采用纸币制的一次币制改革。此次币制改革，是在英国经济顾问李滋·罗斯协助下实行的。法币改革内容主要包含三大方面：一是统一发行权，规定中央银行、中国银行、交通银行三家银行发行的货币为法币；二是实行白银国有；三是放弃银本位制，采用外汇本位制。

法币

法币

　　法币改革统一了币制，是中国货币制度的进步，在实行初期对社会经济的发展起了一定的积极作用。但国民政府利用货币发行权的集中，加强了金融垄断；又以法币是拥有法偿资格的不兑现纸币，用膨胀发行的办法来填补财政赤字，最终导致了恶性通货膨胀，这就成为后来国民经济崩溃的根本原因。

10 继法币改革后,南京国民政府为什么又发行金圆券与银元券?

法币后期迅速贬值,1942年4月,国民政府将原用于海关结算的关金券投入流通并与法币并行流通。1948年8月发行金圆券后,停止发行关金券。金圆券取代了已完全崩溃的法币。但此时政局动荡,加之经济不稳定,物价飞涨,金圆券也疯狂贬值。

金圆券完全崩溃后,国民政府不得不承认民间的银元交易,并发行与银元挂钩的银元券。

但银元券发行时南京已解放,国民党控制区此时只剩下几个省,所以军、官、民均不承认银元券。

金圆券

银元券

11 抗日战争时期流通最广的货币有哪几种？

　　整个抗日战争时期流通范围较广的货币有两种：重庆国民政府发行的"法币"和南京汪伪政权发行的"中储券"。

　　史料记载："抗战爆发前，北自平津，南至广州，东起上海，西到兰州，除极少数地区外，均已通用法币。"但实际上，一些与中央关系不好的省份并未立即使用法币。如云南一直使用的是新滇币，1937年5月才正式在省内使用法币。到抗战结束，新滇币在云南境内始终居于主导地位。再如，广东的银毫，山西的"大花脸""二花脸"在整个抗战期间也始终在本省内流通。

　　南京汪伪政权中央储备银行发行的中央储备银行券流通范围最广的时候"西至湖北、南达广东、北抵徐州"。但是在中储券流通范围内，依旧有日军的军用票、广东银毫及抗日根据地发行的各种货币的流通。

法币正面 　　　　　　　法币反面

中储券正面 　　　　　　中储券反面

12. 苏区部分货币上的马克思为什么长得不像本人？

湘鄂赣省工农银行银洋

苏区货币的部分纸币上印有一个像中国传统人物的马克思，他还留着白色山羊胡。这是为什么呢？其实，这是没有见过马克思画像的钱币设计者根据马克思最大的特征——大胡子，以中国古代圣贤（孔子、孟子）头像为蓝本进行的想象创作。因此，这部分纸币上的马克思头像就和马克思本人长得不一样。

13 中国最早的红色货币是什么？

中国最早的红色货币是由中国共产党创办的第一家银行柴山洲特别区第一农民银行发行的壹元白竹布币，该布币尺寸为13.8×7.8厘米，呈直条型。币材为白竹布。布币正面右侧直书"柴山洲特别区"，左侧是"第一农民银行"，文字均为繁体楷书，正中亦竖排繁体"壹"和"圆"俩字，俩字中间是一颗红色五角星，五角星内是镰刀斧头图案。"圆"字左右侧分别盖有14毫米见方的篆文红色印章，用放大镜可识别，右边是"文海南印"，左边是"夏兆梅印"，"圆"字下面盖有发行数码"420"。布币下端横书"一九二六年"，四周是菱形纹装饰的边框，四角分别为五角星图案，星内均有"1"字。布币背面盖有直径为4.2厘米见方的红印，篆体印文为"柴山洲特别区第一农民银行"。

壹元白竹布币

14 中国红色政权制造的第一种银元是什么？

工字银元是第二次国内革命战争时期井冈山革命根据地上井造币厂所铸银币，是最早由工农兵政府自己铸造和发行的红色货币。

1927年冬，毛泽东创建井冈山革命根据地。1928年4月，朱德、陈毅率领的部队与工农革命军会师井冈山。1928年5月成立了湘赣边界苏维埃政府。由于敌人的封锁、商业停顿，为解决根据地内现金缺乏的问题，除采取打土豪筹款的办法外，苏维埃政府用缴获的金银在井冈山上井村办起了银元造币厂。1928年5月至1929年1月，共铸造银元1万多块。为与赝造银元相区别，造币厂在银元上铸造了一个"工"字，故称其为"工字银元"。"工"字代表的是工农兵政府，其字以手工凿成，虽然工艺粗糙，却能将红军发行的银元与国民党铸造的银元和国外流入的银洋区别开来。

工字银元的铸造，促进了当时红色区域内外的货币流通，活跃了根据地的经济，在湘赣两省内扩大了红军的政治影响，为红色政权货币的发展奠定了重要的基础。

工字银元

15 中国工农红色政权最早发行的纸币是什么？

东固（古）平民银行铜元票

1928年10月，东固（古）平民银行正式开业，并发行了中国工农红色政权最早的纸币——东固（古）平民银行铜元票。纸币由油印机印制，面额有铜元10枚、20枚、50枚、100枚四种，流通于东固根据地以及邻县地区。印刷纸币所需的油印机由涧东书院先生杨仿仙捐献，油墨、蜡纸等材料都是用土法改进自制的。

铜元票正面上面印有"东古平民银行"。主图为一轮冉冉升起的红日，寓意中国革命如东方之日出。下方左右分别盖有"东古平民银行之章"和"黄启绶之章"的红色印章，最后蘸红水写上00000001的编号。背面印有"共同生产""共同消费"字样。两面刷上起防腐和硬化作用的桐油，晾干后进行剪切。铜元票是红色根据地最早的纸币，也是中国工农红色政权最早发行的纸币。

16 最早铸有马克思、列宁头像的银币是什么？

1931年6月，红三军在贺龙率领下攻克湖北省房县，创建了以房县为中心的鄂西北革命根据地。同年7月，鄂北农民银行在湖北省房县创建，鄂北农民银行印钞厂印制发行了面额为壹串文的兑换条和壹圆、伍角信用券。

为了迅速树立信用券在群众中的信誉，房县苏维埃政府决定建立铸币厂铸造发行自己的银币。最初铸造银币的原料是由缴获的银元、元宝、银饰品等杂银熔铸的长方形银块，重七钱二分，银块上铸有"维持"二字，苏区群众称之为"维持块"。后来铸造了首次出现马克思、列宁头像的1931年版银币，并收兑"维持块"熔化重造银元。

马克思头像银币直径39毫米，厚2毫米，重28克，含银量80%。正面主图为马克思正面头像，圆头方脸、长胡须，着西装系领带，头像上部铸有"中国苏维埃共和国造"；背面主图为镰刀斧头和"壹"字样，主图与外圈图案由双层珠圈分开，顶部铸有空心五角星，四边环绕装饰花纹，外轮有齿。

列宁头像银币直径39.1毫米，厚2.4毫米，重28克，含银量85%。正面主图为列宁正面像，胡须短且呈点状，着西装系领带，主图与外层文字由珠圈分开。外层文字为"中国苏维埃共和国国币"和"一九三一年"；背面图案、文字与上述马克思头像银币相似。

17 什么是抗币？

"抗币"又称为"边票""边币"，是指在抗日战争时期，中国共产党领导的各抗日根据地所发行的货币。抗币印制时间为1940—1945年，主要发行于华中、苏南、苏中、苏北、淮南、淮北、鄂豫皖、皖中、浙东等敌后抗日根据地。抗币的发行在根据地商品流通的扩大，民族工商业的发展，根据地人民生活的改善等方面起了重要作用。抗币的发行突破了敌人的经济封锁，为抗战胜利奠定了坚实的经济基础。

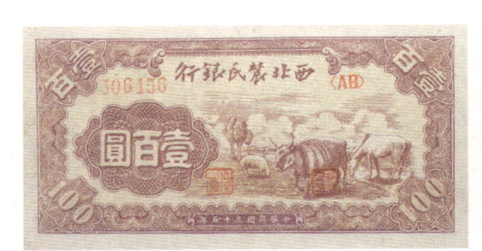

抗币

抗币

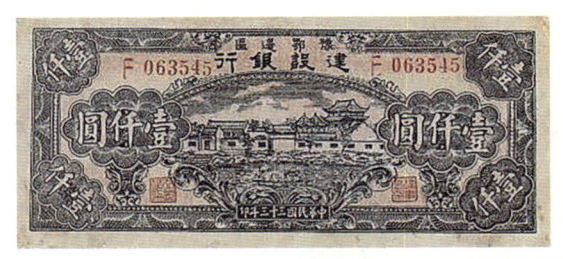

豫鄂边区建设银行壹仟圆

18 为什么说豫鄂边区建设银行壹仟圆是"抗币钞王"？

　　于1944年发行的豫鄂边区建设银行壹仟圆，正面为湖面泛舟图，背面为农耕图，是豫鄂边区建设银行发行的大面额票券，使用时间也最为短暂。豫鄂边区印钞厂的生活和工作条件十分简陋，遇到敌人"扫荡"，便要将器材疏散掩埋或长途转移。工厂停工时，长时间没有新纸币的补充，流通中的抗币只能反复使用，因此多数残破不堪。目前留存于世的豫鄂边区建设银行抗币，大多流通痕迹严重，完整保存且原色鲜艳者已十分稀有，高面额券更是难得一见。因此豫鄂边区建设银行壹仟圆抗币是名副其实的"抗币钞王"。

19 面值7角5分的纸币是怎么来的？

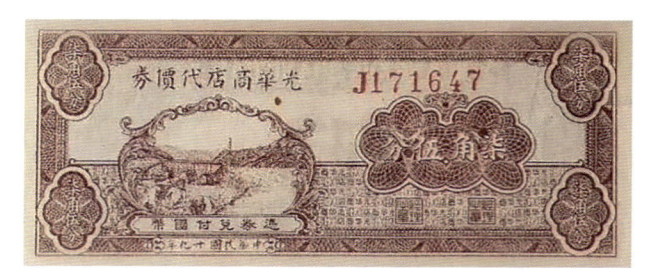

光华商店代价券柒角伍分

1937年9月，陕甘宁边区成立。当时边区财政收入主要依靠国民政府的援助，但援助的货币难以找零，给流通带来不便，满足不了边区市场的需要。按照第二次国共合作签订的协议，边区政府不能印发货币，因此，发行一种小额代价券成为最佳选择。

1938年6月，边区银行以光华商店的名义发行了一批小面额的代价券，作为法币的辅助币在市面流通。第一批光华商店代价券有贰分、伍分、壹角、贰角、伍角这五种面额。"分"和"角"的货币有了，但以"元"为单位的货币仍然空缺。

1940年，边区银行又发行了第二批代价券，这次只有柒角伍分这一种面额。之所以要发行柒角伍分面额，是因为两张柒角伍分就是壹元伍分，四张就是叁元。代价券的发行补充了边区货币面额的空缺，促进了边区经济发展。

20 唯一印有印刷厂名的人民币是什么？

伍圆水牛纸币

什么纸币还能把印刷厂印在票面上？它就是中国人民银行发行的伍圆水牛纸币。伍圆水牛纸币正面中上方拱形排列印有行名"中国人民银行"，中间印有水牛、马车和犁田等图案，颜色深蓝，下方印有"光华印刷厂"的字样。伍圆水牛纸币是我国人民币中唯一印有印刷厂名字的纸币，也是唯一行名拱形排列的纸币。

光华印刷厂诞生于抗日战争最困难的1940年，此时制作钱币的条件非常简陋，制币用纸较差且印刷粗糙，如今能完整保存下来的伍圆水牛币极为稀少。

21 我国历史上流通的最后一枚银币是什么？

我国历史上流通的最后一枚银币是1949年新疆省铸币厂所铸造的壹圆银币。20世纪40年代末，国民政府为了应对巨大的国防开支，大量印发纸币，造成了灾难性的通货膨胀，严重影响了国民经济的正常发展。于是，很多省份纷纷选择放弃使用法币，用白银重新铸造信誉较高的银元，这期间出现了很多地方特色鲜明的银元，新疆壹圆银币就是在这种背景下诞生的。

1949年，时任新疆省政府主席包尔汉，为了让新疆摆脱经济危机，开始逐步实行本地货币与金圆券脱钩的政策，制造并发行了全新银元作为流通货币。壹圆银币正面铸有面额、铸造行、发行年份、枝叶和花朵等文字或图案，背面是对应的维吾尔语文字。

但是，该银元的发行，并没有真正改变当地的经济局面。银元才流通了四个月，新疆地区就和平解放了。这种寄托了改变新疆经济命运的银元，发行量少，后来政府收回后统一销毁，现流传于世的数量较少。

新疆省铸币厂铸壹圆银币

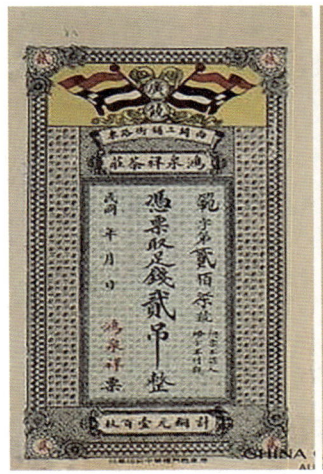

庄票贰吊

22 民间私钞是什么？

民间私钞俗称"庄票"，是旧式钱庄、当铺、商号发行的一种流通范围有限的流通券，其中历史最悠久的为钱庄所发行的钞票。

1919年福安福昌钱庄设立，"庄票"随之出现。早期"庄票"用白纸制成，票上注有金额及发行时间，并盖有钱庄号章。不同的钱庄所发行的庄票规格和形式不尽相同，面额有伍分至叁元不等，分别等值于铜钱或铜元。

早期的庄票携带方便，随时可兑换现金，甚至可定点使用，因此颇受百姓的信赖。后来，钱庄因资金不足滥发钞券，庄票急剧贬值，市面上出现了无法兑现的情况，钱庄随之倒闭。1933年前后，是私钞发行的鼎盛阶段。1935年，国民政府实行法币改革，取缔私钞。但由于国民政府的纸币信誉极差，一些信誉较高的庄票当时仍有流通。

23 为什么中国历史上会出现面额60亿元的纸币？

抗战全面爆发后，法币逐渐贬值，发行量逐年增加，之后民国政府相继发行了关金券、金圆券等币种。但此时政局动荡，经济不稳定，物价飞涨，关金券、金圆券也疯狂贬值。1949年7月，国民政府又发行银元券，但此时已无济于事。

1948年12月，新疆商业银行改组为新疆省银行，其后发行3000万圆、6000万圆、6亿圆和30亿圆的银行券作为地方货币。1949年5月又发行了面额为60亿圆的纸币，这是中国历史上面额最大的纸币，但是其购买力极差，在当时只能购买几十粒大米，但这样的纸币还发行了480万张之多。

新疆省银行陆拾亿圆纸币

24 为什么中华苏维埃共和国国家银行发行的纸币只有五种面值,但样式却众多?

1932年7月,中华苏维埃共和国国家银行正式开始发行纸币。面值共五种,分别为伍分、壹角、贰角、伍角、壹圆。中华苏维埃共和国国家银行纸币虽只发行了五种面值的货币,但样式却很多。

1932年,苏区被敌人包围,国民党军队对苏区设置了重重封锁,纸张、油墨的采购与运输十分困难。纸张、油墨无法采购时,只好自己采用土法生产。此外,当时的大部分印刷工人文化程度低、缺乏印钞经验、操作技术也不熟练,因此中华苏维埃共和国国家银行发行纸币的文字、冠字、签字、纸质、票幅、颜色等差异极大,纸币的版别样式也有多种。

中华苏维埃共和国国家银行伍分纸币

25 为战争而生的军票你知多少？

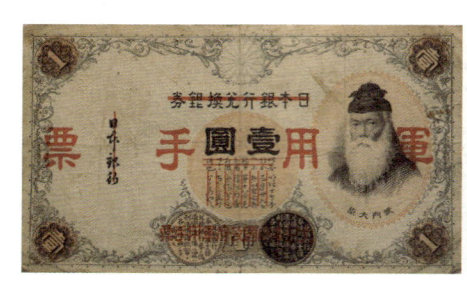

战争军票

军票是指由军事机构发行并主要在军队中流通的小面额钞票，通常在国家发生或参与战争时发行。有时候，军票的发行也是占领军用来掠夺其占领区财富的一种手段。早在民国初期，全国各地军阀为了征集军费，就先后发行了少量军票。日本在侵略战争中也多次发行军票。太平洋战争时期，日本在中国、菲律宾等占领区疯狂发行军票，强迫当地居民使用。军票发行时没有支持兑换的保证金，也没有特定的发行所，所以军票通常不能兑换，它只是一种支配占领地经济和掠夺占领地财富的手段。

26. 我们国家现在花的钱为什么叫人民币？

1947年解放战争迅速推进，但各大解放区货币不统一，严重影响了生产流通和经济交往，建立中央银行、统一货币迫在眉睫。那中央银行和货币该叫什么名字好呢？

有人主张，中国共产党的宗旨是为人民服务，中央银行不妨叫"中国人民银行"，货币就称"人民币"。时任华北财经办事处主任董必武接受了该建议，他说："共产党办中央银行，是人民所需求的，是为人民而办，'人民'二字可以表明它的性质，使它与国民党办的银行区别开来。"同时董必武也认为"人民币"这个名字既是人民的，那就不是某个地区的、部门的，必定是全国性的、全国人民的。

最终经过中共中央的讨论和决定，1948年12月1日中国人民银行宣告成立，第一套人民币也随之诞生，人民币的称呼就此宣传开来。

第一套人民币

27 为什么第一套人民币具有这么高的收藏价值？

第一套人民币是在1948年12月1日由新成立的中国人民银行印制发行的法定货币。第一套人民币面值多且种类复杂，流通时间短，部分版别的第一套人民币发行和流通数量非常少。第一套人民币停止使用时间已长达半个世纪，其间又经历了多次政治运动、经济改革，因此留存下来的不多，成整套的更为稀少。

近年来，第一、二、三套人民币的市场价值不断提升，尤其是第一套人民币，由于年代久远，而且只流通了7年，是流通时间最短的一套人民币，加上版别多、发行量少，收集难度巨大，是最具收藏和投资价值的一套人民币。与第一套相比，第二和第三套人民币由于流通时间较长，收集全套的难度较低，所以收藏价值不及第一套人民币。

第一套人民币100元正面　　第一套人民币100元背面

28 为什么发行第一套人民币时，没有印上毛主席的头像？

第一套人民币

按照国际惯例，国家发行的货币上总会印有国家元首或对国家贡献最大的伟人头像。第一套人民币在最初设计时，票面上是印有毛主席头像的。后来上报中央审批时，毛主席拒绝了这一设计方案。毛主席说："票子是政府发行的，不是党发行的。我现在是党的主席，不是政府主席。"因此，第一套人民币就没有印上毛主席的头像。

29 第一套人民币中，内蒙古版的"蒙古包""牧马图"和新疆版的"骆驼队""瞻德城"四张为什么被收藏界称为"四大天王"？

第一套人民币壹万圆骆驼队 　　第一套人民币壹万圆牧马图

第一套人民币伍仟圆蒙古包 　　第一套人民币伍佰圆瞻德城

　　第一套人民币"四大天王"分别为壹万圆的牧马图与骆驼队、伍仟圆蒙古包、伍佰圆瞻德城。这四张钞票存世量少，价格昂贵，收藏界称其为"四大天王"。其一，这四种纸币发行时间较晚、流通时间较短。这四种纸币于1951年发行，1955年被收回，流通时间仅有4年。其二，这两个少数民族地区实际使用率较低。其三，这四张纸币都是大面额货币，发行量少。在收藏界中，壹万圆牧马图最为昂贵，其次为伍仟圆蒙古包，伍佰圆瞻德城与壹万圆骆驼队较为便宜。

30 新中国成立以来面额最大的人民币是多少？

伍萬圓新华门　　　　　　　伍萬圓收割机

人民币最大面额是一百元吗？当然不是。新中国成立以来最大面额的纸币是第一套人民币中的五万元。这套五万元面额的纸币有两种，一枚正面图案为新华门，另一枚正面图案为收割机，所以一般称呼它们为"伍萬圓新华门"和"伍萬圓收割机"。

这两张纸币发行数量少、流通时间短。当时的印刷技术并不是十分先进，加之纸质也不是很好，所以流通过程中受到损坏的纸币非常多。目前，这两张纸币的存世数量非常稀少，几乎难得一见，具有很高的收藏价值。

31. 为什么第二套人民币中的叁圆、伍圆和拾圆由苏联代印？

第二套人民币叁圆

第二套人民币伍圆

第二套人民币拾圆

　　1955年3月1日，发行第二套人民币时，由于我国的印制能力和条件有限，叁元、伍元和拾元三种大面额票券不得不委托苏联代印。中苏关系紧张后，为了防止苏联使用他们掌握的第二套人民币印版，制造大量纸币并投放到我国国内进行经济破坏，我国便于1962年4月20日开始流通第三套人民币。

32 独一无二的"叁圆"纸币，是怎么来的？

第二套人民币发行时全盘仿苏，而"3"在苏联传统文化中是一个较为重要和具有宗教色彩的数字，因此有3卢布面额的货币，第二套人民币里也有了叁元面额。另一个社会主义国家古巴，也有面额为3比索的纸币。叁元面额的人民币因为是由苏联代为印制的，所以被称为"苏三币"。

第二套人民币叁圆

33 第二套人民币伍分纸币上的巨轮背后有什么故事？

第二套人民币伍分纸币

1953年版的伍分纸币上印着的巨轮叫做"海辽轮"。"海辽轮"起义，是中华人民共和国成立前夕中共地下组织直接领导的一次起义。中华人民共和国成立前夕，"海辽轮"和其他被国民党军队征调的招商局轮船已经离开上海三个多月，长期往返于大陆和台湾之间，负责运送国民党的残兵败将和相关物资。

1949年4月，"海辽轮"船长方枕流决定起义，在制定了详细计划和作了充分的探查后，"海辽轮"于9月从香港启航，冲破国民党在海上的重重封锁，穿过巴林塘海峡，远离台湾东海岸，绕道北上，经日本海域，沿韩国西海岸北端驶入渤海，历经八天九夜，到达解放区大连港，成为新中国第一艘升起五星红旗的海轮。在"海辽轮"首举义旗的带动下，中央航空和中国航空公司的12架飞机、国民党招商局香港船务局的13艘海轮相继起义。

第二套人民币壹分、贰分、伍分纸币

第二套人民币纸分币

34 是每套人民币都有纸分币吗？

第二套人民币是迄今为止唯一一套有纸分币的人民币。纸分币分为两个版本：一个是冠字号带有罗马数字和阿拉伯数字的1953版纸分币，一个是冠字号仅有罗马数字的1982版纸分币。前者收藏价值较高，品相好者价值上万元。后者因改革开放后基层没有足够的纸分币找零而增印发行，直到2007年4月1日才退出流通。

1953版贰分正面

1953版贰分背面

1982版壹分正面

1982版壹分背面

35 票幅最大和最小的人民币是什么？

在现有发行的人民币中，第二套人民币的拾圆纸币，是所有人民币中票幅最大的一枚，俗称大黑拾，长210毫米，宽85毫米，是由苏联代为印制的。因其票幅巨大，也有大白边的美称。

票幅最小的人民币是1957年3月1日发行的壹分钱纸币，长90毫米，宽43毫米。它既是人民币中票幅最小的，也是面额最小的。

第二套人民币拾圆纸币

第二套人民币壹分纸币

36. 第二套人民币的"壹圆"为什么既有红色的也有黑色的？

红壹圆　　　　　　　　　　　　黑壹圆

一红、一黑，面额都是壹圆，同属第二套人民币，它们就是第二套人民币壹圆券的"红黑双子"。

1955年7月，红色壹圆券发行后不久，南方各地陆续反映红色壹圆券出现了变色、掉色、掉墨以及油墨溶化变黏等现象。后经科学院技术人员研究发现，红色油墨变黏是由于其稳定性较差，不耐酸、不耐碱所致。经过对各种颜色的钞票进行试验，发现黑色油墨的性质最为稳定，且具有耐酸、耐碱的性能。最终，周总理批示同意壹圆券采用黑色油墨印刷。至此，第二套人民币壹圆券（黑色）1956年版由此产生。

37 周总理为什么说中国人民银行的资金有"18块8毛8分"？

曾经有外国记者问周恩来总理："中国人民银行有多少资金？"周总理委婉地说道："18块8毛8分。"其实，这"18块8毛8分"指的就是第三套人民币的各个钞票面值总和。

第三套人民币的面额为10元、5元、2元、1元、5角、2角、1角、5分、2分、1分，合计为18元8角8分。

第三套人民币于1962年4月20日开始发行，至2000年7月1日停止流通，共经历了38年才慢慢淡出市场，是现有五套人民币中流通时间最长的一套，也是我国面对外国制币技术的垄断，首次完全独立设计、印制的一套纸币。它承载着几代中国人的金色梦想和奋斗拼搏，留存着中国人在那个特殊时代里最深刻的情感。

第三套人民币18元8角8分

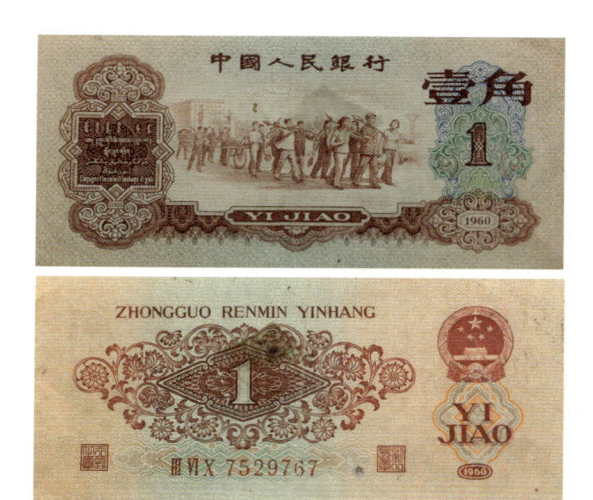

第三套人民币壹角

38 第三套人民币的枣红壹角你知多少？

第三套人民币壹角纸币有九个版别，其中发行最早的枣红色1960年版壹角，俗称"枣红壹角"。枣红壹角是第三套人民币的首发票券，它与第二套人民币中最后一个票券1956年版棕色伍元券同时公布发行，是承上启下的过渡性票券。

枣红壹角正面印刷的图案是人民群众相聚在一起劳动的场面，如果仔细观察钞票的正面，就会发现后面还有一所教育大楼，表明我国当时非常重视生产和教育。但也正是这个图案让它的流通时间大大缩短。图案当中的人物是自左往右行走，在当时是被认为犯了右倾错误，因此很快便被国家召回销毁，现存世量较少。

39 "背绿壹角"为何被称为"最完美的纸币"？

这枚钱币到底有什么来头，竟然堪称"最完美"？第三套人民币"背绿壹角"纸币于1962年印刷。钱币正面图案为教育与生产相结合的劳动场面，正面整体为深棕色，与普通的壹角票面无异，但背面却有部分颜色为墨绿色，故集币界称之为"背绿壹角"。又因其背面的菊花图案中间为深色，两边呈渐变墨绿色，图案形状类似蝴蝶展翅，故也称"水印蝴蝶版"壹角券。由于当时印刷采用的钞票纸不同，又分为带五角星水印和无水印两个版本。

"背绿壹角"纸币

2013年，"壹角背绿无水印"被国际顶级钱币评级机构PMG评为70级满分币。这意味着，这枚距今已有60余年的纸币，成为中国史上"最完美纸币"。

40 为什么会出现广东本票？

党的十一届三中全会确定实行改革开放以后，广东省经济建设出现了前所未有的高速发展形势，为了适应经济飞速发展的需要，解决人民币大面额票券短缺的问题，中国人民银行广东省分行曾经在1985年2月4日发行了伍拾圆和壹佰圆两种大面额本票。由于本票面额较大，便于携带和结算，利于促进经济发展和提高工作效率，很受企业、团体和个人的欢迎。但是，当时我国的第四套人民币伍拾圆、壹佰圆券尚未发行，地方独自发行等同于人民币流通的大额本票，削弱了人民币作为全国唯一合法货币的法律地位，且当时开办银行本票业务的办法还欠完善，因此，广东省本票仅流通一个多月，就在限制期限内收回了，1985年3月15日起停止在市场上流通。

广东本票壹佰圆正面 　　　　广东本票壹佰圆背面

广东本票伍拾圆正面 　　　　广东本票伍拾圆背面

41 人民币上也有盲文吗？

第四套人民币

我国第四套人民币创造了一个新的纪录——新中国正式发行了具有7种文字的纸币。

第三套人民币发行时只使用了6种文字，即：汉文、维吾尔文、藏文、蒙文、壮文及汉语拼音。第四套人民币新增加的一种文字就是盲文。

盲文在中国货币上的使用，是政府人文主义关怀的一个明显举措，也是中国在钞券设计生产中里程碑式的标志之一。

42 什么是连体钞？

连体钞

连体钞，就是多张连在一起未裁切的纸币，是供收藏、鉴赏的纸币真品。

在人民币收藏市场中，第四套人民币整版钞是连体钞版块中的佼佼者，俗称人民币炮筒或人民币大版，属于"钞王"级别的品种。第四套人民币整版钞是人民币连体钞之中唯一的整版钞，也是发行量最少的连体钞之一。

第四套人民币整版钞在中国货币发行史上具有非同寻常的意义。它不仅是改革开放最初年代的见证，更是标志着中国历史巨变的一座丰碑。

43 第五套人民币上的六种花卉分别是什么？

　　不知道大家有没有留意过第五套人民币图案上的六种花卉呢？第五套人民币一共有六种币值：一元、五元、十元、二十元、五十元和一百元。每种钱币上面所采用的花卉图案都不一样。

　　壹圆钱币上的兰花，为"花中四君子"之一，四季名花之司春使者，在中国有着悠久的栽培史。伍圆钱币上的水仙，雅号"凌波仙子"，会带来喜气与财运，深受人们喜爱。拾圆钱币上的月季，被誉为"花中皇后"，作为"世界四大名花"之一，月季还为世界经济与社会的发展做出了巨大的贡献，被称为花卉中的"外交官"。贰拾元钱币上的荷花，则具有"出淤泥而不染"的高贵品格。伍拾圆钱币上的菊花，既是霸气和豪气的代表，也有采菊东篱式的恬淡和重阳登高式的相思。壹佰圆纸币上的梅花，有国花之风，一树浩然正气，代表了国人的优秀品格。

第五套人民币

中国银行外汇兑换券

44 改革开放初期的外汇兑换券你知多少？

20世纪70年代后期，随着中国旅游事业的发展和对外经济文化交流活动的不断增加，来内地（大陆）的外国人、华侨和港澳台同胞日渐增多，专门为他们服务的宾馆、商店及其他服务部门也相应增加。由于我国实行统一的人民币市场，禁止外币在国内市场流通，为便于外国人、华侨、港澳台同胞及驻华外交、民间机构常驻人员在这些场所购买物品和支付费用，中国银行从1980年4月起发行外汇兑换券，其面额有壹佰圆、伍拾圆、拾圆、伍圆、壹圆、伍角和壹角7种，票面与人民币等值，不准挂失。

外汇兑换券的兑换手续是：凡国外旅客、华侨和港澳台同胞入境时，所携入的外币、外汇可向中国银行兑换成外汇兑换券。出境时，如有剩余外汇券来不及兑回外币时，允许自由携出境外，以后来华时可再携入使用。1995年7月1日起，外汇券兑换停止流通。

第三章

货币反假与金银纪念币

货币金融研学百问百答

1 人民币是用什么制成的?

人民币纸张主要成分是短棉绒和高质量木浆。人民币纸张光洁、坚韧、耐折、挺度好，并有一定的抗化学腐蚀性，可以在较长的时间内使用且不易损坏。印制人民币用的钞票纸是特版水印纸，它是一种用于钞票印刷的专用纸张。这种纸由中国印钞造币总公司下属的三家钞票纸厂生产，它们分别是河北保定钞票纸厂、江苏昆山钞票纸厂和成都钞票纸厂。

2 什么是冠字号?

人民币纸币上的编码又称冠字号。"冠字"是印在纸币上用来标记印刷批次的两个或三个英文字母，由印钞厂按一定规律编排和印刷。"号"是印在冠字后面的阿拉伯数字流水号，用来标明每张钞票在同冠字批次中的排列顺序。

人民币100元

3 为什么犯罪分子要将伪币再次变造呢?

　　不法分子直接伪造的货币与真币相比还是有很大差别,不易混入市场。此外,当前人们已经初步掌握了一些货币的防伪常识以及假币识别技术,一般的假币公众都可以辨认,不会轻易误收。然而,不法分子对已经伪造的货币再次变造,便更能够以假乱真,即便是专业人员,一不留神假币也会从眼下溜过去。因此,人们在日常生活中多掌握一些货币反假知识是非常有必要的哦。

100元人民币假币正面

100元人民币假币背面

4 钱币上有哪些最不起眼却极其有效的防伪技术?

扰视图文是通过某种软件将图形变形混杂后进行印刷的一种有效的防伪技术,20世纪90年代由美国人和匈牙利人发明,只能用特殊的光栅片解码。

扰视图文防伪技术的优点有:一是无需特殊的印刷工艺与油墨,任何印刷方式皆可采用。二是可以用各种方式对图文进行加密,让伪造者无法掌握加密步骤、无计可施;该加密方式不能通过任何复印机设备复制,具有极高的防伪性;解码时,一种图案只能对应一种解码片的识别,具

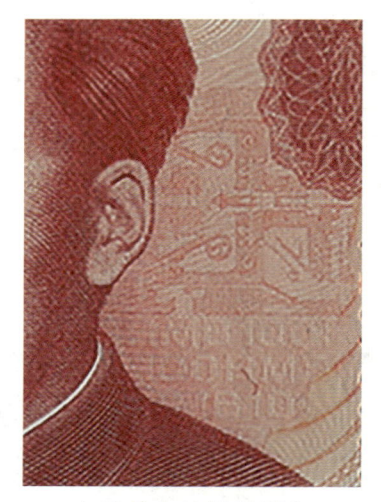

人民币上的扰视图文

有极强的独立防伪性。三是该项防伪为印前防伪,不会对设计与之后的印刷产生额外成本。四是具有极强的隐蔽性,基本上看不出来它的位置。五是只需要用晒过的光栅片便可进行简单易行的防伪,且市场上光栅片的价格十分便宜。

5 什么是错版币？

　　严格意义上的错版币是指设计上或母版雕刻上有错误的纸币，印刷流程中的漏印不属于错版。因质量缺陷导致的"残次品"只能属于残次币而不属于错版币。然而，目前世界上还无法完全准确定论错版币，所以很多时候残次品也算错版币。在收藏界中，错版币收藏所遵循的原则是少、新、奇。换句话说，越是罕见的、奇特的，收藏的价值意义就越高。

错版钞（卓物钱币文化中心董事长陈苏庆供图）

6 毛泽民是如何解决苏区纸币防伪问题的？

1932年的一天夜里，中华苏维埃共和国国家银行（下称"苏维埃国家银行"）行长毛泽民正为苏区出现假币的问题而忧虑，突然，他的毛衣袖口不慎被桌子上的油灯点着，还伴随着"吱吱"的响声。霎时间，一股烧焦羊毛的焦臭味迅速弥漫了整个屋子。过了许久，毛泽民猛然一拍桌子，兴奋地说："对呀，这就是很好的防伪办法嘛！"随后，他转头对妻子钱希钧说："我去找菊如（菊如即曹菊如，福建龙岩人，早年曾在印度尼西亚参与救国活动，1930年回国后加入中国共产党。他先在闽西工农银行担任会计科科长，后被毛泽民推荐为苏维埃国家银行业务处处长，是毛泽民的得力助手）。"说完，他便急匆匆地出门了。

同年7月开始，经过"加密"处理的苏区纸币在整个苏区流通开来。原来，毛泽民正是从火烧羊毛产生的焦臭味中获得了灵感，决定在印钞纸的纸浆中加入细羊毛。这样一来，生产出的苏区纸币不仅增强了柔韧度，而且在火焰下燃烧时会散发出焦臭味，同时在阳光下还能呈现出特殊的光泽，极大地提高了纸币的防伪性能。毛泽民巧妙地运用这一方法，解决了苏区纸币的防伪难题，为当时苏区的金融稳定做出了重要贡献。

7 制造假币将承担什么法律责任？

就我国而言，制造假币达到一定数额会构成伪造货币罪，处三年以上十年以下有期徒刑，并处罚金。

《中华人民共和国刑法》第一百七十条规定，伪造货币的，处三年以上十年以下有期徒刑，并处罚金；有下列情形之一的，处十年以上有期徒刑或者无期徒刑，并处罚金或者没收财产：

（一）伪造货币集团的首要分子；

（二）伪造货币数额特别巨大的；

（三）有其他特别严重情节的。

8 损坏人民币有罪吗？

根据《中华人民共和国人民币管理条例》第二十六条规定，禁止下列损害人民币的行为：

（一）故意毁损人民币；

（二）制作、仿制、买卖人民币图样；

（三）未经中国人民银行批准，在宣传品、出版物或者其他商品上使用人民币图样；

（四）中国人民银行规定的其他损害人民币的行为。前款人民币图样包括放大、缩小和同样大小的人民币图样。

《中华人民共和国人民币管理条例》第四十二条规定，故意毁损人民币的，由公安机关给予警告，并处1万元以下的罚款。

9 如何理解人民币的防伪技术中的"一币一面双福"？

"一币一面双福"是第五套人民币纸币的一种防伪技术。"一币"指每张人民币都有独一无二的序列号；"一面"指每一张人民币在印刷时都有一面是正面；"双福"指每一张人民币的正反面都印有特殊的图案，包括国徽、人民大会堂、毛主席像等。"一币一面双福"是人民币的重要标志，可以有效防止假币的制造和流通。

此外，第五套人民币还采用了光彩光变技术，这种技术可以使钞票在不同角度下呈现出不同的颜色，进一步提升了防伪能力。

10 人民币上采用的全息磁性开窗安全线（鱼线）有什么防伪特征？

人民币上采用的全息磁性开窗安全线，也被称为鱼线，是一种重要的防伪标志，具有以下特征：

第一，全息图案。全息磁性开窗安全线上通常包含全息图案，这些图案具有多层次、多角度的视觉效果，可以呈现出闪烁、立体、彩色等特点。

第二，磁性材料。开窗安全线中含有磁性材料，触摸时可以感受到一定的磁力作用，仿制品通常不具有类似的磁力效应。

第三，可见窗口。开窗安全线中间通常有一个开口，通过这个窗口可以看到纸钞背面的图案和文字，方便公众观察和对比正反面图案。

鱼线与纸钞中的其他防伪特征相结合共同构成了一套复杂的防伪系统，大大提高了人民币的防伪能力。

11 人民币的数字编码有哪些作用？

人民币的数字编码有很多作用，其中包括记录钞票的冠字号码、核销纸币号码、方便银行进行统计和监控及提高钞票防伪能力等。数字编码可以在钞票反面呈现不同的色彩图案，是一种重要的防伪特征，便于公众进行真伪币鉴别。

12 人民币的水印是如何制作的？

人民币的水印是在纸张生产过程中加入水印图案来制作的。具体步骤如下：

一是制版。按照设计要求，在金属或塑料板上雕刻出所需的图案。二是生产纸张。将预先制作好的水印版与纸浆混合，使水印图案被纸浆均匀覆盖。三是烘干。通过烘干的方式使纸张中的水分蒸发，使水印图案完全渗透到纸张中。四是压光。通过压光机器对烘干后的纸张进行压光处理，使纸张更加平整，水印图案更加清晰可见。

13 人民币水印具有怎样的防伪功能？

人民币的水印具有以下的防伪功能：

一是难以复制。水印图案是与纸张内部结构完全相结合，无法简单地通过打印或复印等方式进行复制。二是易于鉴别。真人民币水印图案会显现出明亮、立体的效果，通过肉眼观察即可辨别真伪。三是抵制仿制。由于水印的制作需要特殊的生产工艺和设备，仿制者很难复制出相同的效果。四是提高防伪能力。水印图案为人民币增加了一层额外的防伪特征，与其他防伪技术相结合，提高了人民币的整体防伪能力。

第五套人民币20元花卉水印

14 通过观察人民币上的微缩字，我们可以获得什么信息？

通过观察人民币上的微缩字，我们可以获得以下信息：

一是面额。微缩字中通常包含了纸钞的面额信息，可以直接通过观察微缩字来确认纸钞的面值；二是文字和图案。微缩字中包含了文字和图案，如国家名称、人民银行名称、人民币字样等。这些文字和图案在正常情况下难以辨认，但通过放大镜或显微镜等工具，可以清晰地看到其中的细节。

15 微缩字在鉴别真假币方面发挥了哪些重要作用？

微缩字在鉴别真假币方面发挥的重要作用有：

一是难以仿制。微缩字的制作需要高精密度的印刷设备和技术，具有较高的复杂性和难度，仿制品很难复制出微缩字的清晰效果。通过放大镜或显微镜等工具放大观察，真币上的微缩字会呈现出清晰的文字和图案，假币上的微缩字则会模糊不清、缺失细节。二是辅助鉴别。与其他防伪特征如水印、光变油墨等相结合使用，共同构成了一套复杂的防伪系统。通过观察微缩字并结合其他特征的验证，可以更准确地判断纸钞的真伪。

16. 人民币上的隐形图案是如何实现的？这个特征有什么作用？

人民币上的隐形图案是通过使用特殊的油墨实现的，主要分为磁性可见隐形图案和荧光隐形图案两种类型。

一是磁性可见隐形图案。这种隐形图案使用磁性油墨，正常光线下无法察觉，使用特定磁场或磁性检测器时，可以使图案显现出来。这种图案通常位于人民币的正面或背面，具有类似水印的效果。二是荧光隐形图案。这种隐形图案使用荧光油墨制作，通常位于人民币的正面或背面，正常光线下无法察觉，当使用紫光灯照射或将纸钞放入特定的荧光笔下观察时，图案会呈现出独特的荧光颜色。

这些隐形图案的作用主要有以下几点：

一是防伪鉴别。隐形图案具有复杂的制作工艺和特殊的观察条件，很难复制出相同的效果，通过观察磁性可见或荧光隐形图案，可以帮助人们更准确地识别真伪纸钞。二是提高安全性。只有具备相应的设备或工具，才能看到隐形图案，普通观察无法发现，使得人民币更加安全，也降低了收到假币的风险。三是增加复杂度。与其他防伪特征共同构成了一套复杂的防伪系统，使得仿制人民币变得更加困难。

第五套人民币20元（广东轻工职业技术大学防伪技术科普馆供图）

17 人民币中的荧光纤维有什么作用，如何检验荧光纤维？

人民币纸张中的荧光纤维是一种重要防伪特征，通常被添加到纸张中辅助人们鉴别真伪纸钞。荧光纤维的作用主要有以下几点：

一是防伪鉴别。通过观察荧光颜色是否符合标准来辨别真伪纸钞。二是提高安全性。荧光纤维只能在紫光下才能发出独特的荧光颜色，这使得人民币更加安全，也降低了假币的风险。三是增加复杂度。与其他特征相结合共同构成了一套复杂的防伪系统。

检验荧光纤维的方法通常是使用紫光灯检测。正常光线下，荧光纤维并不明显，但在紫光灯的照射下，荧光纤维可以发出明亮的荧光颜色。只需要将纸钞置于紫光灯下观察，即可判断是否存在荧光纤维。需要注意的是，不同面额的人民币荧光纤维的颜色会有所不同，因此，在检查时需要参考相应的荧光颜色标准。

第五套人民币荧光纤维（广东轻工职业技术大学防伪技术科普馆供图）

18 为什么我国不发行塑料钞？

中国人民银行发行的100元塑料纪念钞

在当今世界诸国，塑料钞因具有耐用耐磨、防伪技术高、不怕水可清洗、可循环利用、环保清洁等优点而备受关注，然而我国并未发行，究其原因：一是我国经济自改革开放后越级式发展，电子支付已成为如今我国境内主要的支付方式，因此并无发行塑料钞的必要；二是我国地大物博，人口众多，发行塑料钞流通难度高；三是塑料钞不同于纸钞，印制技术要求高，要解决折叠、高温熔解、颜色稳定性等诸多问题。

比特币

19 为何我国禁止流通比特币？

比特币作为一种虚拟货币，近些年来价格不断上涨，备受世人的关注及大额交易者喜爱。然而，2017年9月，比特币等虚拟货币交易在我国被禁，中国比特币市场烟消云散，监管之严超出预期。这主要是因为比特币作为虚拟货币，不受政府控制，严重冲击了我国对经济的宏观调控。同时，国内为了获得比特币进行的融资在本质上是一种未经批准的非法公开融资行为，涉嫌非法发售代币票券、非法发行证券以及非法集资、传销等违法犯罪活动。此外，比特币的流通还会为我国带来恶性通胀的危害，增强我国金融市场的不稳定性。

总之，比特币流通对我国金融安全危害甚大，禁止比特币在我国流通是必要之举。

厌胜钱

20 厌胜钱是什么？

厌胜钱，也叫压胜钱、押胜钱，是诞生于西汉、盛行于明清的一种非流通货币，类似于现代流行的"纪念币"。厌胜的"厌"字读"yā"，通"压"，有压制邪魔，取得胜利之意。

中国民间把这种钱俗称为"花钱"，主要用于压鬼驱邪或祈福。后来，厌胜钱的使用范围越来越广，开炉、镇库、馈赠、赏赐、祝福、辟灾、占卜、玩赏、戏作、配饰、生肖等都铸花钱，以此来表示古代中国百姓对美好生活的向往和祝福。

厌胜钱形制多样，铸币上花纹繁多。厌胜钱中丰富的内容是古代民俗民风的缩影，也是今天我们了解、考证与研究古代民俗民风的主要工具之一。

21 镇库钱是什么？

朝廷在铸币时，多在库房中设神堂，以供奉财神、仓主、土地、火神等神位。神堂香案上方大都悬挂一枚特制大型钱币，用来镇宅驱邪，祈求吉祥富贵、永镇财富，其上披红绸，下挂流苏，即谓之镇库钱。

五代十国时期的南唐铸造的"大唐镇库钱"是我国历史上最早的镇库钱，距今已有一千余年。大唐镇库钱规整厚重、工艺精良，展现了当时南唐国力强盛的气势，是中国古钱的珍品。此后中国历朝也多有铸造镇库钱的记载，而大唐镇库钱则是该系列的龙头。

大唐镇库钱

22 什么是纪念币？

纪念币

  纪念币是一个国家为纪念国际或本国的政治、历史、文化等方面的重大事件、杰出人物、名胜古迹、体育赛事等而发行的法定货币。在我国，纪念币的设计制造机构为中国印钞造币总公司，发行机构为中国人民银行。从材质上分，纪念币可以分为普通纪念币和贵金属纪念币两种。普通纪念币可以流通，贵金属纪念币不能流通。普通纪念币与现行流通人民币职能相同，与同面额人民币等值流通。

23 贵金属纪念币和纪念章的区别是什么?

贵金属纪念币作为法定货币,除刊有货币面额、国名、年号外,重量和成色均符合中国人民银行公告的标准,每枚贵金属纪念币都附有中国人民银行行长签字的证书。贵金属纪念币的面额仅仅是货币符号,不代表贵金属纪念币的实际价值。纪念章是工艺品,不标记面额,也不是法定货币,但有纪念价值。

广州建城2210年纪念章金章正面

广州建城2210年纪念章银章正面

广州建城2210年纪念章金章背面

广州建城2210年纪念章银章背面

㉔ 真假金银纪念币的鉴别方式有哪些？

民国开国纪念币壹圆假银元正面　　民国开国纪念币壹圆假银元反面

中华人民共和国成立前市场上就有假银币出现，假银币概括起来有以下几种：

第一，钢板银币。钢板银币与真银币极其相似，以钢或铁为主体，敲击起来声音尖亮；

第二，铜板银币。与真银币相似度极高，以铜为主体，敲击起来声音尖亮有哨声；

第三，铅板银币。以铅充银，敲击起来声音沉闷阴沉；

第四，夹板银币。外层包裹两层银皮，敲击起来声音尖短沉闷。

伪造贵金属纪念币，多数采用铜质镀金或镀银、金质混入铜铅或使用完全相同的材质等造假手法。对于这些假币，除了可以用检测黄金的方法来辨别之外，还可以通过听声音、看外形、称重量、查工艺、验成色等方法辨别真假。

25 十二生肖金镶玉纪念银章的特色工艺有什么？

十二生肖金镶玉纪念银章，把生肖的特色和玉石相融合，采用古代金镶玉表现手法，产品独特，工艺高超。十二生肖金镶玉纪念银章采用成色达99.9%的金银，具有很高的收藏价值和美学价值。

《鼠》

《猪》

26. 中国古代名画系列之"清明上河图"纪念银币的设计理念是什么？

宋人张择端所作的《清明上河图》是中国古代美术史中的绚烂一章，亦是中国民俗画的代表作之一，它以严谨繁复却富有生气的长卷形式，同时采用散点透视构图法，生动记录了北宋都城汴京从郊外到城内街市的繁荣生活景象，也充分反映了北宋城市当时的经济状况。

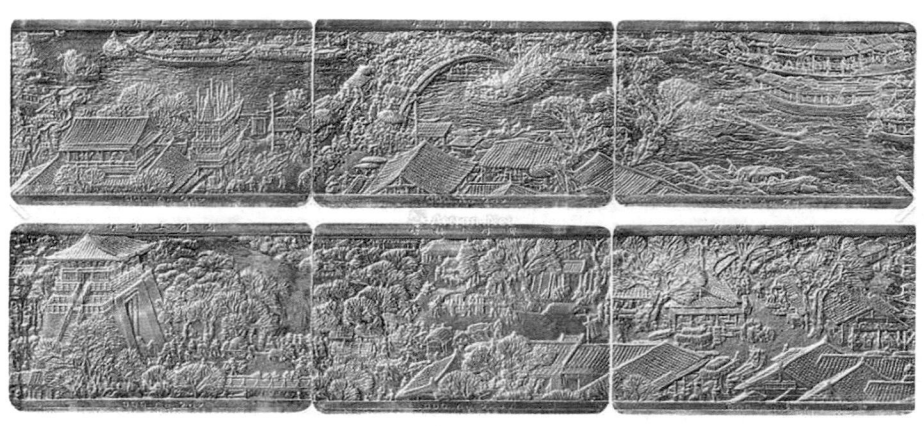

"清明上河图"纪念银币以《清明上河图》长卷为蓝本进行设计，以独特的工艺再现了宋代京城汴河两岸繁华盛世的民生百态。纪念币采用了六枚一组连续的长方形形制，是目前为止我国现代贵金属纪念币中规模最宏大、气势最磅礴的一套纪念币，呈现出一种清新淡雅的艺术气质。

1988年中国人民银行发行"清明上河图"纪念银币一套6枚

27 中国的大熊猫金纪念币有什么特别的地方？

熊猫金币系列是中国人民银行发行的纪念金币，自1982年起作为年度常规贵金属纪念币项目延续发行。作为世界知名的普制金币之一，1986年之后发行的熊猫金币划分为普制和精制两种。熊猫金币的独特之处在于每年金币背面的熊猫设计样式都会更换，例如2004年发行的金币背后的样式是一大一小两只熊猫，而在此之前都采用一只熊猫的构图。与美国鹰洋金币、加拿大枫叶金币、南非福格林金币和澳大利亚袋鼠金币相比更具艺术价值，放眼世界钱币之林，可谓标新立异、独树一帜，深受世界各地"熊猫迷"们的喜爱和追捧。

大熊猫金纪念币

28. 古典文学名著纪念金银币的形制有什么？

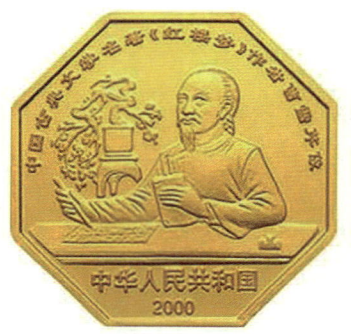

中国古典文学名著《红楼梦》彩色金银纪念币

古典文学名著纪念金银币的形制包含圆形、长方形、八角形、梅花形等，起着传承我国卓越古典文学的重要作用。

"四大名著"金银币作为中国古典文学的宏制巨构，在忠实于原著的基础上，以塑造人物形象为中心，通过故事情节和环境的生动描绘，展示广阔的社会生活视野，谱写"包罗万象"的史诗，颂扬人性之美，彰显人格的魅力，将各种类型的人物形象栩栩如生地展现在我们面前。

《三国演义》系列的金银币全部都采用圆形的样式。《红楼梦》系列的金银币多以八角形的样式为主。《西游记》系列的金银币以圆形为主，并额外添加了长方形。《水浒传》系列的金银币则是兼容了圆形和方形，且将二者融合。

29 中国现代金银纪念币的铸造工艺有哪些？

纪念币的制作工艺在现代已经变得非常多样化，融合了各种技术和艺术元素，以创造出独特而引人入胜的设计。其中一些常见的工艺包括：

镜面，使图案的表面呈现出极高的光洁度，增强了反射效果，使图案更加清晰、明亮。

喷砂，通过喷射微小颗粒到金银币表面，创造出微小的凹凸，增强了立体感和触感，有助于美化和突出图案。

浮雕，通过在金银币上创造凸起的图案，使图案更加突出、栩栩如生，增加了纪念币的观赏价值。

彩色移印，通过印刷彩色图案在纪念币上，增加了视觉吸引力，可以更生动地呈现不同元素。

局部镀金，在某些部分添加薄层金，从而在金银币上创造出色彩对比，增强了视觉效果。

全息，通过使用全息片或材料，在纪念币上创造出独特的光学效果，通常表现为变幻的彩灯效果。

激光，运用激光刻划精细的图案或文字，提高安全性和纪念币的防伪性。

纪念币

第四章

境外货币

货币金融研学百问百答

1 港币的面额有哪几种？

港币拾元

　　港币是香港特别行政区的官方货币，现行港币共有五种面值，分别是10元、20元、50元、100元和1000元。其中，10元面值的港币是最常见的，也是最小的面值。20元和50元面值的港币也比较常见，但比10元面值的要少一些。

　　100元和1000元面值的港币则相对较少见，但仍然是日常生活中常见的面值。

② 港币为什么有多个银行发行的不同版本同时流通？

香港没有像中国人民银行一样的央行，其货币是由香港特区政府委托有能力的商业银行发行的。最初的港币由汇丰银行和渣打银行两家发行，香港回归以后又增加了中国银行作为货币发行银行。因此，多个银行发行的不同版本港币可以在香港内同时流通。

港币贰拾圆、港币伍拾元

3 准备去香港游玩又怕换到假币怎么办？怎么辨别真假港币？

一要注意钞票纸质，真港币的钞票纸较有韧性，触感"清爽"，而假的港币的纸质多数较薄，带油质，故触手光滑。

二要注意颜色，真港币票面颜色协调，图案层次丰富。假港币颜色与真钞有差异，主景图案线条较为粗糙，缺乏立体感。

三要注意水印。钞票正面有狮头、面额字样等水印，伪造者难以获取此高超造纸技术，只能以油墨模仿伪造水印字样。

港币

四要看保险线。香港两家发钞银行所发行的港币钞票，均有一条铝质金属线（人称保险线），是在造纸过程中藏在纸内的。这也是伪造者难以模仿的高超技术。

五要留意触感。真港币钞票采用凹凸印刷术，钞票上很多图案，如狮子、银行徽号、银行大厦及一些字体都有凹凸感。假钞多用柯式印刷，故较光滑，无凹凸感。

4　现在澳门元的面值有哪些？

澳门元作为中国澳门的法定货币，已经有一个多世纪的历史。1905年，澳门特区政府将发行澳门元钞票的专有权赋予大西洋银行。1910年1月27日，首批澳门元钞票即告面世。现时，澳门纸币由澳门金融管理局授权大西洋银行与中国银行澳门分行发行，面值有10元、20元、50元、100元、500元及1000元；硬币则由澳门金融管理局负责发行，面值有10元、5元、2元、1元、5毫、2毫、1毫。

澳门元

5 美元"Dollar"名字是怎么来的？

美元（Dollar）是世界上最常用的货币，美国、澳大利亚、加拿大、斐济、新西兰、新加坡等国家或区域都有使用。那么Dollar一词是怎么来的呢？

Dollar一词最早可以追溯到一位圣者的名字——圣母玛利亚的生父圣约雅敬（St.Joachim，即St.Joseph）。为了纪念这位圣者，16世纪时，人们把今捷克的波希米亚地区一采矿业发达的城镇命名为Sankt(Saint) Joachimsthal。这里thal是"村镇"或"谷地"的意思。从这里开采制造的银币就称为"joachimsthaler"。不久，这一冗长的名字被简略为thalers。北方日耳曼人方言中，thalers读作dahlers，传入英国后讹变daller。17世纪末，daller一词就演变成dollar。这就是Dollar一词的来源。

美元

6 美元有哪些有趣的冷知识？

1美元纸币

美元有很多有趣的冷知识哦，比如：

第一，美联储规定：美元纸币的材质由1/4的亚麻和3/4的棉构成。如果你有一张美元纸币已经残破得无法再继续使用，需要更换的话，得去铸印局更换，而不是去银行更换。

第二，如果要把一张崭新的美元折断成两半的话，需要来回折4000次。

第三，90%的美元钞票上都携带有可卡因的痕迹。

⁇ 美国货币中最为稀有和珍贵的纸钞是哪一张？

1918年的5000美元詹姆斯·麦迪逊钞票非常稀少，这使得它成为美国货币中最为稀有和珍贵的纸钞。钞票正面居中为詹姆斯·麦迪逊头像，在头像下方有"美国五千美元"的字样。

詹姆斯·麦迪逊作为美国历史上的一位重要人物，在1787年的立宪会议中发挥了关键作用，是《美利坚合众国宪法》的起草人之一，被后世誉为"美国宪法之父"。他的头像出现在这种纸币上，宛如一位时代的见证者，向我们讲述着美国历史的故事。

1918年5000美元詹姆斯·麦迪逊钞票

8 你知道世界上最值钱的硬币是哪一枚吗？

美国双鹰金币

世界上最值钱的硬币是1933年美国双鹰金币，目前价值在3800万美元左右，是美国为了纪念当时的总统富兰克林·罗斯福和财政部部长乔治·沃利斯而特别铸造的。金币正面印着自由女神像，女神手里拿着火炬和橄榄枝，脚底下踩着一块大石头，寓意自由和和平。金币周边围绕着48颗星星，代表着美国的48个州。这种金币的发行量非常有限，仅有几枚，所以非常珍贵。

第四章 境外货币

汉密尔顿头像

9 你知道美国哪位名人的头像一直出现在美钞上吗？

　　自从1861年美国财政部开始发行美钞以来，亚历山大·汉密尔顿的头像就一直出现在美国货币上。1861年发行的第一批即期钞票中，5美元钞票上印有汉密尔顿头像。之后，1862年发行的2美元法定货币钞票、1878年发行的20美元纸币、1882年发行的1000美元金券上都印有汉密尔顿头像。1918—1928年，汉密尔顿头像一直印在美联储发行的1000美元纸币上。1929年，财政部把汉密尔顿的头像换在了新版10美元纸币上，从此汉密尔顿的头像就一直留在了10美元纸币上。

　　汉密尔顿是目前仅有的两位以非总统身份出现在美国钞票上的人物之一。尽管汉密尔顿从未当过总统，但他对美国的建立做出了重大贡献。他是独立战争的老兵，著名的联邦党人，并担任过美国第一任财政部部长。1804年，汉密尔顿在与亚伦·伯尔的决斗中中枪身亡。

10 美元正面上标的A、B、C、I、L等表示什么意思？

根据1913年《联邦储备法案》，全国分为12区，各设一储备银行。一元美元左方的大写字母表示其印发的银行，其他面额的钞票上大写字母则附加在钞票编号之前。不同字母的代表地如下：

1. 波士顿（A）　　　2. 纽约（B）　　　3. 费城（C）
4. 克利夫兰（D）　　5. 里士满（E）　　6. 亚特兰大（F）
7. 芝加哥（G）　　　8. 圣路易市（H）　9. 明尼阿波利斯（I）
10. 堪萨斯城（J）　　11. 达拉斯（K）　　12. 旧金山（L）

美元

11 美元上的"伪造者当诛"是怎么来的？

美元目前仍是世界上最稳定的货币之一。但是，在历史上美元也存在过不稳定的时期。

北美殖民地时代早期，印制美元极其容易，钞票的做工也不是很复杂，没有太多的防伪措施。北美殖民地充斥着数量繁多的印钞厂，殖民地市场充斥大量假币，金融市场混乱，民众苦不堪言。于是，人们在钞票上印下"伪造者当诛"的字样。

当时13个殖民地都在它们的钞票上印了这句话，体现了北美十三州对于假币的痛恨。

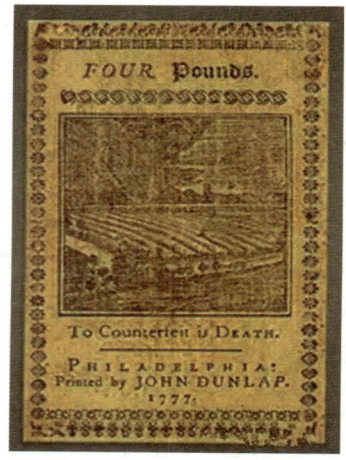

美元 伪造者当诛

12 "欧元"这个名字是怎么来的？

著名经济学家罗伯特·蒙代尔被尊称为"欧元之父"。20世纪60年代，时任国际货币基金组织特别研究处研究员的美国经济学家蒙代尔提出"最适货币区"概念，他认为，一个国家不一定要有自己的一套货币，而由几个国家采取联合的共同货币也许更有利。这一思想立即就吸引了欧洲委员会的注意，蒙代尔也因此在1999年获得了诺贝尔经济学奖。

1992年9月，欧盟各成员国在马斯特里赫特签署《欧洲联盟条约》，条约规定在欧洲共同体内发行单一货币。该条约所附的议定书允许英国和丹麦游离于单一货币体系之外。1995年12月15日至16日在马德里召开的欧洲理事会上，15个成员国的首脑一致决定将欧洲单一货币定名为"欧元"，并通过了推行实施欧元的最后方案。

欧元

欧元

13 欧元的纸币和硬币面额分别有哪些？

欧元纸币的面值共有7种，分别为5欧元、10欧元、20欧元、50欧元、100欧元、200欧元、500欧元，分别运用了赤、橙、黄、绿、青、蓝、紫七种不同的颜色。欧元硬币的面值共有8种，分别为1分、2分、5分、10分、20分、50分、1欧元、2欧元。1欧元等于100分。

14 欧元的缩写和符号有何象征意义？

欧元符号

欧元的官方缩写是"EUR"。€是经欧盟标准化组织正式采用的欧元表示符号。

欧元符号的设计灵感来自希腊字母 ε（Epsilon），暗指欧洲文明的摇篮。E字母也是拉丁文欧洲（Europe）的第一个字母。符号中的两个横线象征欧元的稳定性。欧元符号醒目、容易辨认，很快就变成与美元符号一样为我们所熟知。作为缩写，欧元符号使用起来方便，开始越来越多地出现在计算机和打字机的键盘上。

20元面值欧元

15 欧元图案是谁设计的，有何含义？

　　欧元图案是由欧洲货币局公开征集并于1996年12月13日最终确定的，最终奥地利纸币设计家罗伯特·卡利纳的方案被采用。

　　按照卡利纳方案，钞票面值越大，纸币面积越大。各种纸币正面图案的主要组成部分是门和窗，象征着合作和坦诚精神。12颗星围成一个圆圈，象征欧盟各国和谐地生活在欧洲。纸币的反面是桥梁的图案，象征欧洲各国联系紧密。

　　各种门、窗、桥梁图案分别代表欧洲各时期的建筑风格，币值从小到大依次为古典派、浪漫派、哥特式、文艺复兴式、巴洛克和洛可可式、铁式和玻璃式、现代派建筑风格，颜色分别为灰色、红色、蓝色、橘色、绿色、黄褐色、淡紫色。根据欧盟各成员国的平等原则，欧元纸币上的设计元素并不代表任何实体的建筑。这种相对中性的选择，最大化地体现了各国的共同价值观，并有效避免了因纸币设计而引起的欧盟成员国间的纷争。

　　欧元区内各国印制的欧元纸币，正面、背面图案均相同，纸币上没有任何国家标志。所有的纸币上都印有欧盟旗帜、5种欧盟官方语言的"欧洲中央银行"缩写字样（BCE、ECB、EZB、EKT、EKP）、欧洲地图、"欧元"文字（拉丁语：EURO；希腊语：EYPΩ）以及欧洲央行行长的签名。硬币由欧元区各国铸造，所有硬币的正面都铸有欧洲经济货币联盟的标志，反面是各国的图案。

16 欧元的纸币上印有哪几国的文字?

欧元

欧洲中央银行的简称以9至10种语言变体显示在钞票正面左侧位置，分别为BCE、ECB、ЕЦБ、EZB、EKP、EKT、ESB、EKB、BĆE、EBC。初版欧元只有5种简称，而现在流通的5元面额、10元面额、20元面额欧元有9种简称，50元面额、100元面额、200元面额欧元有10种简称。

17 欧元在哪个国家印刷？

欧元由欧洲中央银行和各欧元区国家的中央银行组成的欧洲中央银行系统负责管理。欧洲中央银行有独立制定货币政策的权力，欧元区国家的中央银行参与欧元纸币和硬币的印刷、铸造与发行，并负责欧元区支付系统的运作。欧元冠字号首字母与印钞国家对应关系为：R-卢森堡，S-意大利，T-爱尔兰，U-法国，L-芬兰，M-葡萄牙，N-奥地利，P-荷兰，V-西班牙，X-德国，Y-希腊，Z-比利时。

硬币的一面都铸有欧洲经济货币联盟统一的标志和币值；另一面是有关国家自己的图案。

欧元

18 欧元的防伪技术有哪些？

第一，水印。欧元纸币均采用了双水印，即与每一票面主景图案相同的门窗图案水印及面额数字白水印。

第二，安全线。欧元纸币采用了全埋黑色安全线，安全线上有欧元名称（EURO）和面额数字。

第三，对印图案。欧元纸币正背面左上角的不规则图形正好互补成面额数字，对接准确，无错位。

第四，凹版印刷。欧元纸币正面的面额数字、门窗图案、欧洲中央银行缩写及200、500欧元的盲文标记均是采用雕刻凹版印刷的，摸起来有明显的凹凸感。

第五，珠光油墨印刷图案。5、10、20欧元背面中间用珠光油墨印刷了一个条带，在不同角度下可呈现不同的颜色，且可看到欧元符号和面额数字。

第六，全息标识。5、10、20欧元正面右边贴有全息薄膜条，变换角度观察可以看到明亮的欧元符号和面额数字；50、100、200、500欧元正面的右下角贴有全息薄膜块，变换角度观察可以看到明亮的主景图案和面额数字。

第七，光变面额数字。50、100、200、500欧元背面右下角的面额数字是用光变油墨印刷的，将钞票倾斜一定角度，颜色会由紫色变为橄榄绿色。

第四章 境外货币

欧元上的防伪标识

第八，无色荧光纤维。在紫光下，可以看到欧元纸张中有明亮的红、蓝、绿三色荧光纤维。

第九，有色荧光印刷图案。在紫光下，欧盟旗帜和欧洲中央银行行长签名的蓝色油墨会变为绿色；12颗星由黄色变为橙色；背面的地图和桥梁图案则全变为黄色。

第十，凹印缩微文字。欧元纸币正背面均印有缩微文字，用放大镜观察，可发现真币上的缩微文字线条饱满且清晰。

19 德国马克上印的数学家都有谁？

面值10马克纸币上的人物头像是德国著名数学家约翰·卡尔·弗里德里希·高斯。该纸币发行于1993年，正面印有高斯肖像和他给出的正态分布函数（曲线）。纸币背面是他发明且应用于大地测量的镜式六分仪，右下角是他设计并使用于汉诺威大地测量的三角网。

高斯的研究几乎遍及所有数学领域，在数论、代数学、非欧几何、复变函数和微分几何等方面都做出了开创性的贡献，被世人誉为"数学王子"。同时他还把数学应用于天文学、大地测量学和电磁学的研究，也都取得了显著的成果。

德国马克纸币10元

1欧分

20 意大利1欧分的正面图案蒙特城堡为何被誉为中世纪构造最复杂的建筑之一?

蒙特城堡位于意大利东南部的普利亚大区,坐落在卢沃以西30公里的山顶上,由神圣罗马帝国皇帝腓特烈二世于1229—1249年间下令建造。

蒙特城堡的整体设计非常独特,呈八边形,每边都有8座塔,每座塔的每一层都有8个房间。这种复杂而精致的设计,使得这座城堡成为中世纪建筑艺术的瑰宝,因此被誉为中世纪构造最复杂的建筑之一。

㉑ 每个欧盟国家都使用欧元吗？

并不是所有欧盟国家都使用欧元。比如，丹麦、瑞典、波兰、匈牙利等国家至今也仍然使用着自己的货币。

欧元

货币金融研学百问百答

20澳分硬币

22 为什么英国以外的地区货币会出现英国女王头像？

英联邦是一个国际组织，该组织由53个独立主权国家（包括属地）所组成，成员大多为前英国殖民地或者保护国。英联邦元首为伊丽莎白二世女王，同时身兼包括英国在内的16个英联邦王国的国家元首（仅名义上，并无实权，英国君主无权干涉各成员国内政），包括澳大利亚、加拿大、尼日利亚、南非和大不列颠等。因此英联邦地区货币也都会采用英国女王头像。

23 英国比较特殊的硬币有哪些？

一是苏格兰蓟花硬币，是苏格兰的象征，不少苏格兰硬币都采用此图案；二是玫瑰花饰硬币，英国的国花，且象征都铎王朝。

苏格兰蓟花硬币

玫瑰花饰硬币

24 伊丽莎白女王对英镑设计的影响有哪些？

伊丽莎白女王对英镑设计的影响主要体现在以下几个方面：

第一，肖像使用：英镑纸币上印有伊丽莎白女王的肖像，这体现了女王作为英国国家象征的重要性。在英国，女王的形象被广泛用于各种官方场合，包括货币设计，这强调了她在英国社会中的地位和影响力。

第二，硬币设计：伊丽莎白女王也影响了英镑硬币的设计。一些硬币的正面印有女王的肖像，而背面则印有英国历史和文化相关的图案。这些

英镑

英镑

设计反映了英国的历史和文化传统，也展示了女王对英国文化和历史的关注和贡献。

第三，传统规定：在硬币上出现的君主头像应与前任君主的朝向相反，所以新一版货币的国王形象预计面朝左侧。这种传统规定体现了英国王室对传统和礼仪的重视，也展示了女王对英国文化和历史的尊重和传承。

25 澳大利亚塑料钞和普通纸币有什么区别呢？

2002年澳大利亚改革纸币材质，使纸币内含塑料物质，且可降解，不易破烂、耐用美观，不同面值的纸币有不同特色的透明"窗口"，制作成本高昂，存在技术垄断，从源头上杜绝了假币的出现，令澳元成为目前世界上防伪技术含量最高的货币之一。澳大利亚也是世界上首个全面使用塑料钞的国家。

澳大利亚塑料钞正面

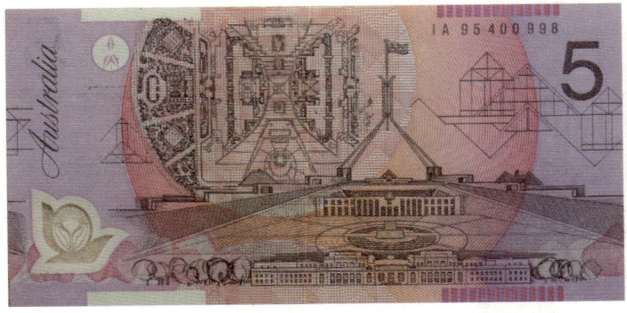

澳大利亚塑料钞背面

26 世界上第一张塑料纪念钞是什么货币？

"移民澳洲200周年"纪念钞

世界上发行的第一张塑料纪念钞是于1988年澳大利亚发行的"移民澳洲200周年"10澳元纪念钞，纪念钞正面为一个土著居民人像，身后横着一根象征土著人权力的"晨星杖"。背面图案为停泊在悉尼湾的"萨帕拉"号帆船和身着民族服装的澳大利亚各民族人物。

27 "消失"的德国马克你知多少？

加入欧盟前，德国的法定货币为马克。二战后，马克分为东马克与西马克，分别为民主德国与联邦德国的货币。民主德国模仿苏联走上社会主义道路，但深受意识形态影响，在经济上逐渐落后于联邦德国。西德投靠资本主义阵营，市场、政府两手抓，实用主义色彩更强，更加开放包容。东西马克汇率变化直接反映东德西德不同方向经济改革的成果。随着东欧剧变，德国统一，东马克也随之消失。

5德国马克

1989年100德国马克

德国马克自欧元流通后便不再是德国的法定流通货币了，但德国人对马克的感情依旧十分浓烈。德国央行没有规定马克兑换欧元的截止日期，德国一般商家也十分欢迎使用马克来完成交易付款。据相关部门统计，如今德国仍有130亿马克在流通，价值总计达66亿欧元。

28 为什么德国纸币上会出现马克思的头像？

在冷战时期，德国分裂为"民主德国"和"联邦德国"，联邦德国采用资本主义制度，民主德国采用社会主义制度，因此民主德国货币上出现马克思头像。

德国马克马克思头像正面

德国马克马克思头像反面

29 日币五元上的知识

日币五元

五日元是日本各面值中不多见的有孔硬币。币形为圆形，中间有一圆形空洞。硬币正面下部铸有横纹，上有日语"五円"的字样，上部铸有稻米图案，内廓周围为齿轮状。下部的横线象征海洋，表示日本虽是海岛小国，但视野要宽广。上部的弯弯稻米寓意日本人做人的态度要像稻米一样谦虚。围在中间的锯齿状圆洞代表工业。总而言之，五日元硬币上印有的稻穗、水和齿轮，分别代表着日本的农业、水产业和工业。

由于在日语中"五元"与"结缘"谐音，日本人在祈福时，都会添上五日元的香油钱，寓意与神结缘，祈求保佑。

在民间还流传一种说法：五日元还有一个象征意义就是"爱在心里口难开"。当男女方将一个五日元硬币放在袋子里送给对方时，表示对对方有好感可是不好意思开口。

30 为什么日元和韩元的面额都很大?

一般来说,货币面额过大,表示该国经济状况欠佳。但在日本和韩国是例外。日本和韩国早期也是使用小面额纸币,后由于发生恶性通货膨胀,政府开始发行大面额货币,让货币面额适应物价,此后多年民众已习惯大面额货币,贸然更改会导致民众产生恐慌心理,对自助贩卖机、账簿修改等都会消耗大量人力物力,从而对经济产生负面影响,因此便沿用之前的大面额货币。

日元正面

日元背面

韩元正面

韩元背面

31 为什么日元很少有假币？

日元纸币在纸张、印刷、水印方面制作精良，被公认为最难伪造的货币之一。主要原因有：一是纸张特殊。日元纸张属于合成纸张，制造过程中掺入日本特产的三亚麻浆。这种纸张较为坚韧且有特殊光泽，表面呈浅黄色，听起来声音清脆。日币面额越大纸张颜色越深。二是采用特别的防复印油墨。纸币上的大写面额及人物肖像所用油墨都带有磁性。

1000日元纸币

三是纸币设计图案更换快。日本每隔20年就更换纸币设计图案。四是造假成本高。民间传说，每一张日元的真实造价跟面额都是等值的。也就是说如果要仿制一张难辨真伪的日元假钞所付出的造价几乎与真钞的实际面额相当。五是制造与贩卖假钞判决严苛。根据日本法律规定，伪造货币者将被判处3年以上至无期徒刑。

1000日元人物头像为夏目漱石

32 日元上的文化英雄——这些人为什么可以被印在日元上？

纸币上印人物，是一种社会宣传方式，在有些国家也能反映出社会思潮。自日本明治维新以来，日元上的人物头像便与日本的历史文化紧密相关。

例如2004年前的一千日元纸币上印的是日本著名文学家夏目漱石。夏目漱石在日本近代文学史上地位很高，被称为"国民大作家"，其最著名的长篇小说是《我是猫》。

日本政府选择文化系的名人登上纸钞，为国民树立了良好的榜样，这一举措也能鼓励日本国民在各自的领域努力作出贡献。

33 直接用欧元在冰岛消费可行吗？

不建议，因为冰岛非欧盟成员国，当然也不在欧元区，交易以冰岛克朗为主，不接受欧元。但现实中仍有少数人在部分地方使用欧元交易，只是找零后的汇率很低。

欧元

34 俄罗斯卢布上为什么印有横跨叶尼塞河的交流桥和钟楼?

俄罗斯10卢布上印有的交流桥位于俄罗斯克拉斯诺亚尔斯克,横跨叶尼塞河。桥旁神圣的钟楼,是家庭和宠物的守护者,它代表着俄罗斯的历史和文化传统,是俄罗斯国家的象征之一。

俄罗斯10卢布

35 丹麦的克朗上为什么印有哥本哈根的小美人鱼雕塑?

小美人鱼雕塑是丹麦首都哥本哈根的标志性建筑之一,代表着哥本哈根的城市形象和文化。小美人鱼雕塑也是丹麦童话作家安徒生著名作品《海的女儿》中的主角。因此,这个雕塑在丹麦具有非常高的文化价值和象征意义。

丹麦克朗

36 在纸币上印苍蝇，澳大利亚人咋想的？

说起苍蝇，相信大家都不喜欢。他们不仅与细菌为伍，还整天嗡嗡叫个不停。但澳大利亚却视苍蝇为"国鸟"，还将苍蝇印在自己的纸币上，这是为什么呢？

原来，和普通苍蝇不同，生活在澳大利亚的苍蝇大多以植物汁液为食，同时它们还承担着蜜蜂的职责——为植物传授花粉。这种苍蝇身体呈金黄色，飞动时也不会发出嗡嗡声。在澳大利亚人眼里，它们是美丽的、干净的、可爱的。此外，苍蝇还是澳大利亚的出口商品之一，每年都能换回大量的外汇。这样既干净、勤劳，又能赚钱的苍蝇，难怪澳大利亚人喜爱到将它印在纸币上呢！

50澳元纸币

第四章 境外货币

货币金融研学百问百答

37 泰铢上的人物头像是谁呢？

泰国泰铢上印的是泰王"普密蓬·阿杜德"的头像。泰国国王普密蓬·阿杜德1927年12月5日生于美国马萨诸塞州的坎布里奇，1946年6月9日回国继承王位，是当今世界在位时间最长的国王。他经历了20多次军事政变而巍然不倒；送走了28任总理而独享人民的尊崇，被誉为泰国国家的心脏、民族的灵魂。

泰铢

泰铢

38 世界上面积最大的纸钞是什么？

世界上面积最大的纸钞为泰国国王诞辰60周年纪念钞。1987年，泰国政府为庆祝泰王60岁寿辰，特意发行面值为60泰铢的正方形纪念钞，祝愿世界和平，国家繁荣昌盛，人民多福多寿。它是目前世界上面积最大的纸钞。该纪念币正面为身着泰国皇家制服的泰国国王普密蓬大帝，左上角是皇室徽，右上角是银行徽。背面为国王率皇室成员接见臣民图，左上角是银行徽。

泰王60岁诞辰特别纪念钞

39 世界上面值最低的纸币你了解吗？

世界上面值最低的纸币有印度非政府组织"第五支柱"为抗议该国严重的贪污问题而发行的面值为0元的模拟货币和欧洲中央银行发行的面值0欧元的旅游纪念币。

面值0元的印度模拟货币

印度非政府组织"第五支柱"发行的0元模拟货币仿照50元印度卢比印制。当政府人员要求市民给予贿款时，市民就会向政府人员"支付"此钞票，以表达对被勒索的不满。

0欧元旅游纪念币

0欧元旅游纪念币是由欧洲央行完全按照欧元货币标准生产的一种旅游纪念币，在欧洲的各大景点向游客出售，纪念币上面印有欧洲名胜古迹的图案。0欧元旅游纪念币的生产流程与有面额欧元纸币的生产过程一模一样，使用相同的纸张、油墨、防伪技术，因此有人将其称为欧元纸币的"第8种面额"。看看正面上蒙娜丽莎那迷人的微笑，如果不是那个硕大的0，我们都会以为它是真的欧元。

40 震惊！比英镑还值钱的货币竟然是科威特第纳尔？

相信大家都知道英镑是很值钱的，但是世界上最值钱的货币可不是英镑，而是科威特第纳尔。以2023年10月11日的汇率为例，1美元只能兑换0.30918科威特第纳尔。这样算下来，1科威特第纳尔相当于23块多人民币了，可谓相当值钱！科威特第纳尔虽然值钱，但只能在本国内使用，还不是世界范围内的流通货币。所以即使你手头上持有一大堆科威特第纳尔，去到别的地方还是得兑换成美元或者其他流通货币才能使用。

科威特第纳尔

第四章 境外货币

41 哪国货币图案都被野生动植物"霸占"了？

南非所有币值的货币几乎都被野生动植物"霸占"。第三套南非兰特5种面值的纸币分别印有俗称"非洲五霸"的非洲狮、非洲象、非洲水牛、非洲豹和黑犀牛这五种动物。除纸币外，南非还有9种面值的硬币，币面都铸有动物和植物的图案。这折射出非洲国家对动植物的热爱，也反映出了南非人潜意识中的生态环保意识与生态危机意识。

第三套南非兰特

42 "万亿"穷人的国家——津巴布韦

  津巴布韦是非洲南部的一个内陆国家，于1980年独立。由于津巴布韦政府在2000年实行了激进的土地改革政策，加上国内政局不稳，经济较为封闭，长期以来经济发展情况都不乐观，通货膨胀率极高。2009年，津巴布韦政府发行了一百万亿元纸币，这种纸币成为世界上目前面额最大的纸币。同年，津巴布韦废除本国货币，改用美元和南非兰特作为流通货币，国内经济逐渐好转。

津巴布韦100万亿元纸币

43 印在钱币上的话语你知多少？

约旦钞票

缅甸钞票

世界上不同的国家都有自己法定货币，即钞票。在这些钞票上，人们往往会发现一些有趣的东西，比如它们上面都写着些什么，人物的头像是谁，有哪些知名建筑物等。

一些国家的钞票上，还会印有关于励志、博爱或警示性的话语。比如，约旦的钞票上印有"为国尽忠"的文字，缅甸的钞票上印有"和谐而有秩序的生活蕴藏着幸福"的文字。因此，钞票上的不同文字反映着不同国家的期望与文化传统。

44 古希腊城邦众多，他们是如何交易的呢？

首先，并不是所有的城邦都有独立铸币的能力。有独立铸币能力的城邦中也只有极少数拥有自己的铸币标准，比较有代表性的如雅典、科林斯、埃依纳、米利都、希俄斯、叙拉古。绝大多数使用货币的希腊城邦都遵循一套统一的面额换算标准，即1塔兰同等于60迈纳、1迈纳等于50斯塔特、1斯塔特等于2德拉克马。

这些货币单位本身亦是质量单位，城邦间铸币的标准就体现在货币的质量与成色上。希腊城邦并不存在现代外汇市场，外币的兑换往往也无官方的标准与管制，城邦间钱币的流通通常也是以现场的称量和成色判定结果为准。

古希腊雅典城猫头鹰银币

货币金融研学百问百答

45 外国纸币上印有的"中国制造"你都知道哪些?

咱们现在吃的用的,很多都是咱们国家自己制造的。但你肯定不知道,一些国家的纸钞上,也有我们的"中国制造"。

例如肯尼亚20先令的纸币上印着莫伊国际体育中心,该体育中心是由中国政府于20世纪80年代援建的,之后中国企业还承担了多次维修工程。1988年第四届全非运动会在这里举办,时任国际奥委会主席萨马拉奇还对为非洲体育事业做出贡献的中国表示感谢。

此外,西非国家几内亚最大面额的2万几内亚法郎纸币上,背面图案是凯乐塔水利枢纽工程。该工程是中国和几内亚最大的合作项目之一,项目的建成使几内亚的发电量增加了两倍,让几内亚成功从"西非水塔"转型为"西非电塔",推进了西非地区区域电网的逐步完善。可以说,外国纸币上的"中国制造"都是中国与外国交好的有力见证!

肯尼亚20先令

46 "瑞典最美货币"是什么？

瑞典货币

2015年瑞典以"文化之旅"为主题发行的新版纸钞被称为"瑞典最美的货币"。其中面额100克朗和面额500克朗于2016年10月发行。面额100克朗的正面印有瑞典国宝级女演员葛丽泰·嘉宝（Greta Garbo）的头像。

葛丽泰·嘉宝（1905—1990年）是电影史上最著名女星之一，曾于20世纪30年代主演《茶花女》《安娜·卡列尼娜》等电影，曾获奥斯卡终身成就奖，1999年被美国电影协会评为百年来最伟大女演员第五名。这张货币印上嘉宝后，像极了唯美的电影海报。

47 新西兰最酷纸币是什么？

新西兰的5元钞票被认为是新西兰最酷的纸币。1992年，新西兰纸币进行了重新设计，部分纸币正面原印有的英女王形象被一些著名的新西兰人代替，其中就包括了新西兰的5元纸币。

新西兰5元纸币正面印有登山家、探险家埃德蒙·希拉里爵士的头像。埃德蒙·希拉里爵士是世界最著名的登山家之一，也是登上珠穆朗玛峰的第一人。埃德蒙·希拉里爵士当时也是新西兰唯一一个仍在世且并非以国家元首的身份出现在纸币上的人。埃德蒙·希拉里爵士于2008年去世。你可要知道，在美国，法律是禁止在世的人出现在纸币上的哦。

新西兰5纽元

48 非洲法郎是怎么来的？

非洲法郎于1945年12月26日诞生，是法国为其前殖民地国家设计的货币。非洲法郎的法语缩写为"FCFA"，起初的含义是"非洲法属殖民地法郎"。

非洲法郎广义上还包括第15个国家科摩罗，其货币称为科摩罗法郎。以2023年10月14日的汇率为例，1欧元≈491.7000科摩罗法郎。

非洲法郎投入使用初期，使用非洲法郎的西非和中非各法属殖民地尚未独立。非洲国家独立后，法国与这些国家签署了货币合作协议，将法国法郎与非洲法郎挂钩，以确保非洲法郎的可兑换性。

1000面额非洲法郎

第四章 境外货币

187

49 土库曼斯坦马纳特的水印上印的是什么马？

土库曼斯坦马纳特水印上印的是汗血宝马，本名阿哈尔捷金马，是世界上仅存的三大纯种马系之一。此马产于土库曼斯坦科佩特山脉和卡拉库姆沙漠间的阿哈尔绿洲，是经过三千多年培育而成的世界上最古老的马种之一。

土库曼斯坦10马纳特

土库曼斯坦100马纳特

汗血宝马头细颈高、四肢修长、皮薄毛细，行动起来步伐轻盈、力量大、速度快、耐力强。德、俄、英等国的名马大都有汗血宝马的血统。汗血宝马是土库曼斯坦的国宝，土库曼斯坦经常将其形象绘制在国徽和货币上。

50 你知道被誉为"最美向日葵"的是哪张纸币吗？

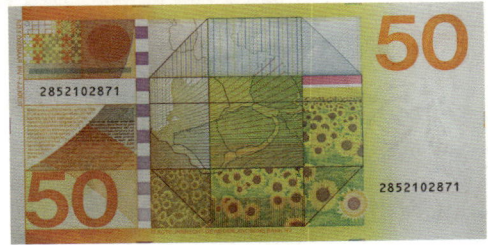

50荷兰盾

被誉为"最美向日葵"的纸币是1982年版的50荷兰盾。纸币正面的主要背景颜色是白底，配合黄色和橙色的渐变。正面图案是一朵向日葵，上面有一只蜜蜂驻足，栩栩如生。每一片花瓣都非常清晰。每一片花瓣都是凹版印刷，底色是胶印。水印的图案是一只花蕊上的小蜜蜂。钞票侧面的荷兰语分别是向日葵、荷兰银行、50荷兰盾。钞票背面的图案是向日葵花海，花海上层图案是由一些线条构成的，看起来像一块块的地图。

51 南极也有货币吗？

南极元是由哈密尔顿建立的一个慈善性质的组织——南极海外交易公司所发行的非国家行为债券。南极元面额与美元等值，持有者可以凭票在期限内到南极海外交易公司等价兑换美元。该公司声称，募集资金将会用于南极洲研究和人道主义项目。

南极元并非法定货币，也不参与流通和交易，只是一种象征性的债券。南极元印刷精美，特别是2007年的塑料钞系列，采用了全新的防伪技术，因此深受收藏家们的青睐。

南极元

52 可以吃的货币是什么，你知道吗？

盐是世界上最古老的支付工具之一。事实上，工资（salary）一词就来源于拉丁文"salarium"，指支付给罗马士兵用于买盐的钱。在中世纪，盐是撒哈拉大沙漠地区的主要货币，并在东非广泛使用。通常，人们会舔一下盐块，以确定它的真伪，然后将它掰成小块，用来找零。

其他难以置信、可以食用的货币包括：一种用椰子纤维包裹的姜黄香料纱球，曾在所罗门群岛的交易中使用；可可（或巧克力豆），广泛应用于整个墨西哥和中美洲；帕尔马奶酪，这种奶酪极受推崇，在意大利曾被用作货币和银行抵押物。

第四章 境外货币

53 世界上最大、最奇怪的一种货币是什么？

在所罗门群岛中的雅浦岛上，发现了世界上最大、最奇怪的一种货币——雷石。相比其他货币，这些货币无疑是庞然大物。

由于雅浦岛缺乏制造这种雷石的灰岩石块，村民们便冒着生命危险，划着他们远洋航行的独木舟前往帕劳，并在那里的山腰上切下这些庞然大物，最后再用独木舟运回岛上。

雷石的部分价值在于其尺寸大小，但其背后真正的价值在于运到岛上的代价以及将它运回来期间人员死亡的数量。作为当地货币，由于太重，这些石头通常留在原地，只是所有权会发生变化。

一旦来到岛上，这些石头就不能移动了。但岛上每个人都知道谁拥有哪些石头，而转让行为会在公开仪式上进行。如今当地政府已禁止雷石出口。为数不多的展示品存放在渥太华的加拿大银行大厅里。